相続法改正と金融実務 Q&A

堀総合法律事務所 [編]

一般社団法人 金融財政事情研究会

はしがき

　平成30年7月6日に「民法及び家事事件手続法の一部を改正する法律」および「法務局における遺言書の保管等に関する法律」が成立し、同月13日に公布されました。相続法分野の大幅な見直しとしては、昭和55年以来、約40年ぶりの大改正です。

　今回の改正は、わが国の急速な高齢化を受けて、残された配偶者の生活への配慮の観点から、相続に関する規律を見直すことを柱としており、配偶者短期居住権・配偶者居住権の新設や、婚姻期間が長期間の場合における、生前贈与等で取得した配偶者の住居についての遺産分割の計算対象からの除外等が改正内容に含まれています。さらに、相続人以外の被相続人の親族が被相続人の介護等を行った場合に一定の要件のもとで相続人に金銭請求できること、自筆証書遺言の方式緩和および保管制度の創設、相続預貯金の当然分割を否定して遺産分割の対象とする平成28年12月19日の最高裁大法廷決定を踏まえた相続預貯金の取扱いを規定することなど、改正項目は多岐にわたります。そのため、この相続法改正は、銀行、証券会社、保険会社等の金融機関の実務に大きな影響を及ぼすであろうと予想されます。

　本書は、平成30年3月に発刊した「最速解説　相続法改正と金融実務Q&A【要綱版】」の後継となる書籍として、成立した法律をベースに改正点をコンパクトにまとめ、今後の金融実務の指針を提供すべく刊行したものです。

　改正法の施行日は改正項目ごとに異なり、原則は平成31年7月1日ですが、早いものは平成31年1月13日から施行されるため、今後、各金融機関において、改正法の施行に向けて、実務対応の具体的な検討が進められるものと思われます。本書が、各金融機関の皆様その他の実務家の皆様にとって、相続法改正の内容を素早く把握し今後の金融実務の運営方針を探るうえでの一助となれば幸いです。

　本書の発刊にあたっては、株式会社きんざい出版部西田侑加氏をはじめとした同部の皆様に、本書の方針決定、編集、校正等の各段階で多大なるご配慮をいただきました。この場をお借りして、執筆者一同、感謝の意を表します。

　平成30年11月

堀総合法律事務所　弁護士　**藤池智則**
弁護士　**亀甲智彦**

目　次

序　章　はじめに
01　改正法のあらまし ……………………………………………………… 2

第1章　配偶者の居住権を保護するための方策
02　配偶者の居住権を短期的に保護するための方策 ……………………… 8
03　配偶者短期居住権の内容 ……………………………………………… 13
04　配偶者の居住権を長期的に保護するための方策 ……………………… 18

第2章　遺産分割
05　遺産分割における配偶者の保護 ……………………………………… 26
06　預貯金債権を仮に取得するための保全処分の要件の緩和 …………… 30
07　家庭裁判所の判断を経ないで預貯金の払戻しを認める方策 ………… 34
08　遺産の一部分割および残余の遺産の分割 …………………………… 37
09　相続開始後の共同相続人による財産処分 …………………………… 41
10　相続開始後における不動産共有持分の売却および差押え …………… 46
11　共同相続人による共有持分を超える財産処分 ……………………… 51

第3章　遺言制度
12　自筆証書遺言の方式 …………………………………………………… 56
13　自筆証書遺言の保管制度 ……………………………………………… 62
14　遺贈の担保責任 ………………………………………………………… 68
15　遺言執行者の権限 ……………………………………………………… 72
16　特定遺贈・相続させる旨の遺言と遺言執行者の権限 ………………… 76

17　遺言執行者の復任権 ……………………………………………………… 80

第4章　遺留分減殺制度

18　遺留分減殺請求権の効力 ………………………………………………… 84
19　遺留分の算定方法(1) ……………………………………………………… 89
20　遺留分の算定方法(2) ……………………………………………………… 94
21　遺留分侵害額の算定における債務の取扱い …………………………… 99

第5章　相続の効力等

22　相続による権利の承継 …………………………………………………… 104
23　相続による義務の承継 …………………………………………………… 108
24　遺言執行者がいる場合の相続人の行為の効力 ………………………… 111

第6章　相続人以外の者の貢献を考慮するための方策

25　相続人以外の者の貢献を考慮する制度 ………………………………… 116

序章

はじめに

01 改正法のあらまし

Q 今回の相続法改正が行われた経緯と、改正が行われた主要な項目を教えてください

A 平成25年9月の最高裁大法廷決定を直接の契機として、平成26年1月からは相続法制検討ワーキングチーム、平成27年4月からは法制審議会民法（相続関係）部会において、相続法制のあり方についての検討が行われてきました。平成30年7月に成立した改正法では、配偶者の居住権を保護するための方策、遺産分割や遺言制度の見直しなどの改正が行われています。

● 解 ● 説 ●

1 改正の経緯

(1) 平成25年最高裁決定とワーキングチームの設置

　民法の規定のうち、相続分野については、昭和55年の配偶者の法定相続分の引上げや寄与分制度の導入などの改正以来、大きな見直しはされていませんでした。しかし、高齢社会がさらに進展して、従前より相続開始時点での相続人（特に配偶者）の年齢が相対的に高齢化していることに伴い、配偶者の生活保障の必要性が相対的に高まる一方で子の生活保障の必要性は相対的に低下しているとの指摘がされています。また、要介護高齢者の増加や高齢者の再婚の増加など、相続をとりまく社会情勢にも変化がみられます。

　今回の改正が検討される直接の契機となったのは、平成25年9月4日の最高裁大法廷決定において、非嫡出子の相続分を嫡出子の相続分の2分の1と定めていた当時の民法900条4号ただし書前段が違憲とされたことで

す。本決定を受けて、同年12月5日に成立した民法の一部を改正する法律（平成25年法律第94号）により、民法の当該部分を削除する法改正がされました。しかし、この民法の改正に際しては、各方面から、「法律婚を尊重する国民意識が損なわれるのではないか」「配偶者を保護するための措置を併せて講ずべきではないか」といった、さまざまな問題提起がされました。

そこで、相続法制のあり方について検討を進めるため、法務省で、平成26年1月に「相続法制検討ワーキングチーム」が設置されました。

■■ (2) 改正法の成立まで ■■

前記ワーキングチームは平成27年1月に報告書を公表し、平成27年2月には、法務大臣より、「高齢化社会の進展や家族の在り方に関する国民意識の変化等の社会情勢に鑑み、配偶者の死亡により残された他方配偶者の生活への配慮等の観点から、相続に関する規律を見直す必要があると思われるので、その要綱案を示されたい」とする諮問第100号が発せられました。

これを受けて、平成27年4月から、法務大臣の諮問機関である法制審議会民法（相続関係）部会において調査・審議が行われ、平成28年7月には「民法（相続関係）等の改正に関する中間試案」が、平成29年8月には「中間試案後に追加された民法（相続関係）等の改正に関する試案（追加試案）」が公表され、それぞれパブリックコメントが実施されました。この間、平成29年5月26日には、民法の一部を改正する法律（平成29年法律第44号）が成立し、民法のうち、契約等の債権関係に関する規定が改正されています（2020年4月1日施行予定）。

その後も「要綱案のたたき台」を基にした調査・審議が行われ、平成30年1月16日に要綱案が決定され、同年2月に要綱が答申されるに至りました。そして、同年3月に「民法及び家事事件手続法の一部を改正する法律案」および「法務局における遺言書の保管等に関する法律案」が閣議決定され、同年7月6日に通常国会で成立、同月13日に公布されました（以下、「民法及び家事事件手続法の一部を改正する法律」（平成30年法律第72号）および「民法の一部を改正する法律」（平成29年法律第44号）による改正後の民法を改正民法といいます）。

2 改正法の概要

改正法は、以下の項目で構成されています。これらの項目のなかには、金融機関の業務に影響が生じることが想定されるものも多く含まれています。

第1　配偶者の居住権を保護するための方策
　1　配偶者の居住権を短期的に保護するための方策
　2　配偶者の居住権を長期的に保護するための方策
第2　遺産分割に関する見直し等
　1　配偶者保護のための方策（持戻し免除の意思表示の推定規定）
　2　仮払い制度等の創設・要件明確化
　3　一部分割
　4　遺産の分割前に遺産に属する財産を処分した場合の遺産の範囲
第3　遺言制度に関する見直し
　1　自筆証書遺言の方式緩和
　2　自筆証書遺言に係る遺言書の保管制度の創設
　3　遺贈の担保責任等
　4　遺言執行者の権限の明確化等
第4　遺留分制度に関する見直し
　1　遺留分減殺請求権の効力及び法的性質の見直し
　2　遺留分の算定方法の見直し
　3　遺留分侵害額の算定における債務の取扱いに関する見直し
第5　相続の効力等（権利及び義務の承継等）に関する見直し
　1　相続による権利の承継に関する規律
　2　義務の承継に関する規律
　3　遺言執行者がある場合における相続人の行為の効果等
第6　相続人以外の者の貢献を考慮するための方策

3 施行日

　改正法は、原則として2019年7月1日に施行されますが、自筆証書遺言の方式緩和に関する改正は同年1月13日施行、配偶者短期居住権・配偶者居住権に関する改正は2020年4月1日施行、法務局における遺言書の保管等に関する法律は2020年7月10日施行といった例外があります。

4 経過措置

　改正法の施行日前、すなわち2019年6月30日までに開始した相続については、改正法の附則に特別の定めがある場合を除いて、現行法の規定が適用されます（民法及び家事事件手続法の一部を改正する法律附則（以下、「附則」といいます）第2条）。

　改正項目の一部について、この「特別の定め」が置かれています。たとえば、2019年6月30日までに開始した相続であっても、同年7月1日以降であれば、預貯金の仮払い制度（【Q9】参照）を利用した預貯金債権の行使が認められます（附則第5条）。また、配偶者居住権（【Q4】参照）は、原則として、2020年4月1日以降に開始した相続について適用されますが、同日より前にされた遺贈については適用されません（附則第10条）。

　このように、改正法施行の前後においては、経過措置の有無や内容についても十分に留意する必要があります。

第1章

配偶者の居住権を保護するための方策

02 配偶者の居住権を短期的に保護するための方策 新設

被相続人が死亡した場合、被相続人が所有していた建物に同居していた被相続人の配偶者が、しばらくの間、その建物に居住することはできますか

現行法上、被相続人の配偶者が相続開始時に被相続人所有の建物に無償で居住していた場合に、その居住権を保護する明文規定はありません。

しかし、改正法では、この場合、配偶者が引き続き居住建物を使用できる配偶者短期居住権を認めました。

この配偶者短期居住権は、①居住建物について配偶者を含む共同相続人間で遺産の分割をすべきときは、遺産分割により居住建物の帰属が確定するまでの間、存続します。

また、①のとき以外のときは、相続または遺贈により居住建物の所有権を取得した者が配偶者短期居住権の消滅の申入れをした日から6カ月を経過する日までの間、存続します。

●解●説●

1 現行法における問題点

被相続人の配偶者は、相続開始時に被相続人所有の建物に無償で居住していた場合、それまで居住してきた建物に引き続き居住することを希望するのが通常です。特に、この配偶者が高齢者の場合は、その傾向が強いといえます。

しかし、現行法上、相続人である配偶者が被相続人の許諾を得て被相続人所有の建物に居住していた場合、相続開始前は、居住建物について被相続人

の事実上の支配を補助する占有補助者にすぎません。そのため、相続開始後に、相続人の死亡により占有補助者としての資格を失うことから、その居住権は当然には認められません。

　この点、判例（最高裁平成8年12月17日判決）は、相続人の一人が被相続人の許諾を得て被相続人所有の建物に同居していた場合には、特段の事情がない限り、被相続人とその相続人との間で、相続開始時を始期とし、遺産分割時を終期とする使用貸借契約が成立していたものと推認されると判示し、相続人である配偶者に、遺産分割が終了するまでの間の短期的な居住権を認めました。

　しかし、この判例は、あくまでも当事者間の合理的意思解釈に基づいて法解釈されたものであるので、被相続人がこれとは異なる意思を明確に表示していた場合等には、配偶者の居住権が短期的であっても保護されません。たとえば、被相続人が配偶者の居住建物を第三者に遺贈した場合には、被相続人が自分の死後も配偶者にその建物に居住させる意思があったとは認めがたいので、被相続人の死亡により建物の所有権を取得した第三者からの退去請求を拒むことができないこととなります。

2　改正の概要

　改正民法1037条では、相続開始時に被相続人所有の建物に無償で居住していた相続人の配偶者に、居住建物を一定期間使用できる配偶者短期居住権を付与するものとしています。この配偶者短期居住権には2つの類型があります。なお、配偶者が遺贈または死因贈与により、その建物について「配偶者居住権」（【Q4】参照）を取得した場合は、配偶者短期居住権を取得しません（改正民法1037条1項柱書ただし書）。

(1) 居住建物について配偶者を含む共同相続人間で遺産の分割をすべき場合の規律

　改正民法1037条1項1号では、相続開始時に被相続人所有の建物に無償で居住していた相続人の配偶者に対し、その居住建物について配偶者を含む共同相続人間で遺産の分割をすべきときは、相続開始から遺産分割により配

偶者の居住建物の帰属が確定する日または相続開始の時から6カ月を経過する日のいずれか遅い日までの間の比較的短期間について、配偶者がその居住建物に無償で居住する権利を認めています。

　このような配偶者短期居住権を認めることの根拠は、①高齢社会の進展に伴い、配偶者の居住権保護の必要性が高まっていること、②夫婦は同居し相互に協力・扶助する義務を負うなど（民法752条）、法律上最も緊密な関係にある親族であるとされていることがあげられます。

　配偶者短期居住権は、比較的短期間の居住利益を保護するために、配偶者に居住建物の無償使用を認める権利であるため、【Q4】で後述する「配偶者居住権」とは異なり、第三者対抗力まで付与されていません。したがって、この配偶者短期居住権は、使用借権類似の法定の債権であると考えられ、その債権に対応する債務者は、その建物を共有する相続人となります。

■■ (2) 前記(1)以外の場合の規律 ■■

　配偶者以外の者が居住建物の遺贈を受けた場合など、前記(1)以外の場合は、配偶者の居住建物について配偶者を含む遺産分割が行われることなく、その居住建物の所有権者が確定しますが、この場合でも、改正民法1037条1項2号は、その居住建物の所有権者から配偶者短期居住権の消滅の申入れを受けた日から6カ月を経過する日までの間に限り、配偶者に無償で居住建物を使用できる配偶者短期居住権を認めています。

　このような場合には、前記判例によると、被相続人がその配偶者との間で使用貸借契約を締結する意思を有していなかったことが明らかであることから、配偶者の居住権は保護されないこととなります。しかし、このような場合にも、改正法は、配偶者の短期的な居住の利益を保護するために、配偶者の短期居住権を認めているのです。

　こうした規律は、被相続人の意思に反するものであることから、被相続人の財産処分権を一部制限するものともいえます。しかし、①一方の配偶者はその死亡後に他方の配偶者が直ちに建物からの退去を求められるような事態が生ずることがないよう配慮すべき義務を負うと解することが可能であること（婚姻の余後効）、②この規律は、配偶者以外の者が遺言または死因贈与により無償で建物を取得した場合などに適用されるものであり、かつ、その存

続期間も短期間であるため、配偶者の居住建物の所有権を取得した者の利益を不当に害するものではないことから、許容されるべきものと考えられています。

なお、この配偶者短期居住権も、使用借権類似の法定の債権であり、その債権に対応する債務者は、遺言等により配偶者の居住建物の所有権を取得した者（所有権者）となります。

3 実務上の対応

前記の配偶者短期居住権は、被相続人の配偶者の居住建物について、配偶者が共同相続人や遺言等によりその建物を取得した者に対して主張できる権利であることから、たとえば、信託銀行が遺言執行者となる場合は、配偶者短期居住権に配慮した遺言執行をする必要があります。

他方、配偶者短期居住権は第三者対抗力を有しないことから、金融機関が配偶者の居住建物について設定されていた抵当権を実行した場合、配偶者は、その建物の所有権を取得した者に対して配偶者短期居住権を主張できな

図表1－1　配偶者の居住権の短期的保護

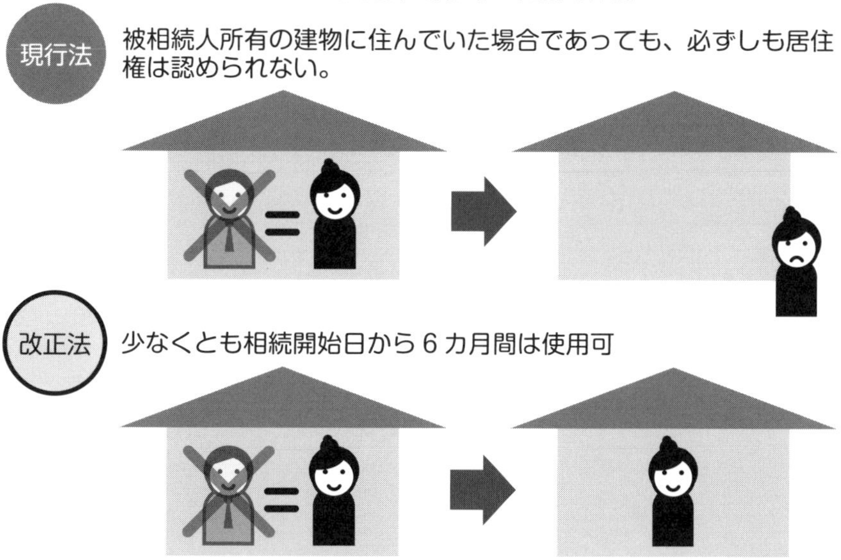

現行法　被相続人所有の建物に住んでいた場合であっても、必ずしも居住権は認められない。

改正法　少なくとも相続開始日から6カ月間は使用可

いため、金融機関の担保実務に直ちに影響を与えるものではありません。ただ、配偶者の居住権保護の観点から、金融機関の担保権実行においても、一定期間の配偶者の居住について配慮する取扱いをするかどうか、相続法改正後の実務動向を見定める必要があるように思われます。

03 配偶者短期居住権の内容 新設

新しく設けられる「配偶者短期居住権」とは具体的にどのような権利ですか

配偶者短期居住権は、【Q2】で述べたように、①「被相続人の配偶者の居住建物について配偶者を含む共同相続人間で遺産の分割をすべき場合」と、②「①以外の場合」の間においては、存続期間の点で差異があります。

しかし、いずれの場合でも、配偶者が善管注意義務といった一定の義務を負担して居住建物を使用する必要があり、そうした義務に違反した場合、配偶者短期居住権は消滅するおそれがあります。また、配偶者短期居住権の消滅時、配偶者は、通常の使用によって生じた損耗および経年変化を除き、居住建物を相続時の原状に回復する義務を負います。

● 解 ● 説 ●

■ 1 改正の概要

配偶者短期居住権は、【Q2】で述べたように、被相続人の配偶者が相続開始時に被相続人所有の建物に無償で居住していた場合に発生します。しかし、①「被相続人の配偶者の居住建物について配偶者を含む共同相続人間で遺産の分割をすべき場合」と②「①以外の場合」の間においては、配偶者短期居住権の存続期間において差異があります。その概要は次のとおりです。

■■ (1) 被相続人の配偶者の居住建物について配偶者を含む共同相続人間で遺産の分割をすべき場合の規律 ■■

(i) 配偶者短期居住権の存続期間

　配偶者は、被相続人の財産に属した建物を相続開始時に無償で居住の用に供していたとき、遺産の分割によりその居住建物の帰属が確定する日（または相続開始時から6カ月を経過する日のいずれか遅い日）までの間は、その居住建物を無償で使用する配偶者短期居住権を有することとなります（改正民法1037条1項1号）。ただし、その建物について配偶者居住権【Q4】を取得した場合、または欠格事由に該当しもしくは廃除により相続人でなくなった場合には、配偶者短期居住権は発生しません（改正民法1037条1項柱書ただし書）。

(ii) 配偶者短期居住権の効力

(ア) 配偶者による使用

　配偶者短期居住権により、配偶者は居住建物を使用することができますが、従前の用法に従い、善良な管理者の注意をもって、居住建物を使用する義務を負います（改正民法1038条1項）。また、配偶者は、配偶者短期居住権を第三者に譲渡できず、居住建物を取得した者（(1)の場合は他のすべての相続人。以下、「居住建物取得者」といいます）の承諾を得なければ、第三者に居住建物を使用させることができません（改正民法1038条2項）。

(イ) 必要費および有益費の負担

　配偶者は、居住建物の通常の必要費を負担します（改正民法1041条、1034条1項）。また、通常の必要費以外の費用を支出したとき、居住建物取得者は、民法196条の規定（占有者による費用の償還請求）に従い、その相続分に応じて、その償還をしなければならないとされています。ただし、有益費については、裁判所が居住建物取得者の請求により、その償還について相当の期限を許可することができます（改正民法1041条、1034条2項、583条2項）。

　なお、「通常の必要費」とは、目的物の通常使用によって生じる修繕費のことをいい、一般的に、雨漏りによる屋根の修理や、備え付けエアコンの修

理、固定資産税などが該当します。一方、「有益費」とは、キッチンの改良など、目的物の価値の増加によって支出された費用をいいます。

㈦居住建物の修繕

配偶者は、居住建物の使用に必要な修繕をすることができます。居住建物の修繕を要する場合であって、配偶者自らが修繕しないときは、居住建物取得者に対し、遅滞なくその旨を通知する必要があります（改正民法1041条、1033条3項）。また、居住建物の修繕を要する場合において、配偶者が相当の期間内にその修繕をしないときは、居住建物取得者が、その修繕をすることができます（改正民法1041条、1033条2項）。

⒤配偶者短期居住権の消滅

配偶者短期居住権の存続期間は、原則として、遺産の分割により居住建物の帰属が確定する日または相続開始時から6カ月を経過する日のいずれか遅い日までですが、次のような場合、例外的に配偶者短期居住権は消滅します。

まず、配偶者が前記⒤㋐の規律に違反した場合、居住建物取得者は、配偶者に通知して配偶者短期居住権を消滅させることができます（改正民法1038条3項）。

次に、配偶者短期居住権は、その存続期間の満了前であっても、配偶者が死亡したときまたは配偶者が配偶者居住権を取得したときに、消滅します（改正民法1041条、597条3項、1039条）。

配偶者が配偶者居住権【Q4】を取得することなく、配偶者短期居住権が消滅した場合、配偶者は、居住建物を返還しなければならず（改正民法1040条1項）、相続開始後に居住建物に生じた損傷（通常の使用によって生じた損耗および経年変化を除く）を原状に復する義務を負います（ただし、その損傷が配偶者の責めに帰することができない事由によるものであるときは、この限りではありません）。そして、この原状回復義務の一環として、配偶者は、相続開始の後に居住建物に附属させた物を収去する義務を負います。ただし、居住建物から分離することができない物または分離するのに過分の費用を要する物については、収去を要しないものとされています（改正民法1040条、599条1項2項、621条）。

■■ (2) 前記(1)以外の場合の規律 ■■

　被相続人の配偶者が相続開始時に被相続人所有の建物に無償で居住していた場合、前記(1)以外のときでも、相続または遺贈により居住建物の所有権を取得した者が配偶者短期居住権の消滅の申入れをした日から6カ月を経過する日までの間、配偶者は無償で居住建物を使用できる配偶者短期居住権を取得するものとされています（改正民法1037条1項2号）。

　「前記(1)以外の場合」とは、配偶者以外の者が、遺贈、特定財産承継遺言または死因贈与等により、居住建物の所有権を取得したときをいいます。配偶者が相続を放棄し、または居住建物について配偶者以外の複数の相続人が承継するとの遺言があり、居住建物について配偶者の関与なく遺産分割手続が行われ、配偶者以外の者が居住建物を承継するようなときも、この類型に当たります。

　この配偶者短期居住権の効力等については、存続期間の点を除き、(1)の場合の(ii)(iii)と同様です。

■■ 2 実務上の対応 ■■

　信託銀行等が、遺言執行に係る実務を行うにあたり、配偶者短期居住権の成立要件、効力等を十分に理解しておくことは不可欠です。今後、研修等により、この点について実務担当者の理解を深めることが肝要です。

　また、配偶者短期居住権は第三者対抗力を有しないものの、配偶者の居住建物について抵当権を設定している金融機関が、配偶者短期居住権に配慮した取扱いをするかどうか、今後の実務動向を見極める必要があり、仮に一定程度この配偶者短期居住権を尊重する取扱いをする方向になるならば、その内容を理解することは担保実務においても重要となります。

図表1－2　配偶者短期居住権の主な内容

	被相続人の配偶者の居住建物について配偶者を含む共同相続人間で遺産の分割をすべき場合 （居住建物取得者＝他の相続人）	左の場合以外の場合 （居住建物取得者＝受遺者等）
①配偶者短期居住権の存続期間	遺産分割により帰属が確定する日または相続開始時から6カ月を経過する日のいずれか遅い日まで	所有権を取得した者が配偶者短期居住権の消滅の申入れをした日から6カ月を経過する日まで
②配偶者短期居住権の効力	ア）善良な管理者の注意をもって使用しなければならず、居住建物取得者の承諾がなければ第三者に使用させることができない イ）配偶者は通常の必要費を負担し、通常の必要費以外の費用については他の相続人も相続分に応じて償還をしなければならない ウ）配偶者は必要な修繕を行うことができ、これをしないときは居住建物取得者に通知しなければならず、居住建物取得者がその修繕をすることもできる	左に同じ
③配偶者短期居住権の消滅	ア）②ア）に違反したときに消滅する イ）配偶者が死亡したときまたは配偶者が配偶者居住権を取得したときに消滅する ウ）配偶者短期居住権が消滅した場合は、居住建物を返還する エ）配偶者短期居住権が消滅した場合、相続開始後に居住建物を使用することで生じた損傷について原状回復させなければならない	左に同じ

04 配偶者の居住権を長期的に保護するための方策 新設

 新しく設けられる「配偶者居住権」とはどのような権利ですか

 【Q2】【Q3】で述べた配偶者短期居住権は、配偶者が相続開始時に居住していた被相続人所有の建物について、配偶者に短期的な居住権を認めるものです。これに対して、配偶者居住権とは、その居住建物について、終身または一定期間、配偶者にその使用を認めることを内容とする法定の権利をいいます。配偶者居住権は、遺産分割における新たな選択肢となりますし、また、遺言等で、配偶者が取得することができるものともなります。

配偶者居住権は、配偶者短期居住権と異なり、登記をすることにより、これを第三者に対抗することができるので、登記された配偶者居住権付きの建物に担保権を設定する際は注意を要します。

● 解 ● 説 ●

1 現行法における問題点

　近年の高齢社会の進展により、相続開始時に高齢である配偶者は、住み慣れた居住環境で生活を継続しつつ、その後の生活資金も一定程度確保することを希望する場合が多いと考えられます。

　現行法上は、配偶者が従前の居住建物の居住権を確保するためには、その建物の所有権を取得するか、その建物の所有権を取得した他の相続人等との間で賃貸借契約等を締結することが考えられます。

　しかし、前者の場合には、所有権の取得の対価が高額となり、それ以外の遺産を取得できなくなって、その後の生活に支障を来す場合も生じます。他

方、後者の場合には、その建物を取得した者との契約が必要となり、配偶者の居住権が当然に確保されるわけではありません。

こうした問題点を踏まえて、改正法では、配偶者の居住権を長期的に保護するための方策として配偶者居住権を導入するものとしています。配偶者に従前の用法に従った居住建物の使用・収益のみを認め、処分権限のない権利を創設することにより、遺産分割の際に、配偶者が居住建物の所有権を取得する場合よりも低廉な価額で居住権を確保することができるようになります。

配偶者居住権は、あくまでもその居住建物を使用・収益することができれば足り、それ以外の権限行使は必要がないという一部のニーズに応えるものとして構想されたものです。たとえば、遺産分割時に配偶者がすでに高齢に達している場合、配偶者居住権は新たな遺産分割方法の選択肢として有効であると考えられています。

また、後述のように、遺言等によって配偶者に配偶者居住権を取得させることができることとしています。これにより、たとえば、それぞれ子がいる高齢者同士が再婚した場合に、自宅建物を所有する者は、遺言によって、その配偶者に配偶者居住権を取得させてその居住権を確保しつつ、自宅建物の所有権を自分の子に取得させることが可能となります。

2 改正の概要

配偶者居住権の成立要件、効力等の概要は次のとおりです。

(1) 配偶者居住権の内容および成立要件

(i) 配偶者居住権の取得事由

配偶者は、被相続人の財産に属した建物に相続開始時に居住していた場合、次に掲げるときに限り、配偶者居住権を取得し、無償でその居住建物の全部を使用・収益することができます（改正民法1028条1項、554条）。

> ア）遺産の分割によって配偶者居住権を取得するものとされたとき
> イ）配偶者居住権が遺贈の目的とされたとき

> ウ）被相続人と配偶者との間に、配偶者に配偶者居住権を取得させる旨の死因贈与契約があるとき

　なお、配偶者居住権を取得した場合、その財産的価値に相当する価額を相続したものとして取り扱われます。

(ii)遺産分割の審判により配偶者居住権を取得させる場合

　遺産分割協議が調わない場合などにおいて、家庭裁判所は、次に掲げる場合に限り、遺産の分割によって配偶者居住権を取得させる審判をすることができます（改正民法1029条）。

> ア）配偶者に配偶者居住権を取得させることについて共同相続人全員の合意がある場合
> イ）配偶者が配偶者居住権の取得を希望する旨を家庭裁判所に申し出た場合において、居住建物の所有者が受ける不利益の程度を考慮してもなお配偶者の生活を維持するために配偶者居住権を取得させることが特に必要であると認められるとき

(iii)配偶者居住権の存続期間

　配偶者居住権の存続期間について遺言などによる別段の定めがなければ、その存続期間は、配偶者の終身の間となります（改正民法1030条）。

■■ (2) 配偶者居住権の効力 ■■

(i)用法遵守義務

　配偶者は、従前の用法に従い、善良な管理者の注意をもって、居住建物を使用および収益する義務を負います（改正民法1032条1項）。これは、配偶者にその居住建物を使用等する権利を認める代わりに、当該建物について用法遵守義務や善管注意義務を負わせるものです。

(ii)必要費および有益費の負担

　居住建物の通常の必要費は、配偶者が負担します。配偶者が居住建物について通常の必要費以外の費用を支出したとき、居住建物の所有者は、民法196条の規定に従い、その償還をしなければなりません（改正民法1034条

2項、583条2項)。

(ⅲ)**配偶者居住権の譲渡等の制限**

配偶者は、配偶者居住権を第三者に譲渡することができません。また、配偶者は、居住建物の所有者の承諾を得なければ、当該建物を第三者に使用もしくは収益させることはできません(改正民法1032条2項3項)。

(ⅳ)**第三者対抗要件と妨害停止の請求**

配偶者居住権を登記したときは、居住建物について物権を取得した者その他の第三者に対抗することができます。居住建物の所有者は、配偶者に対し、配偶者居住権の設定の登記を備えさせる義務を負います。そして、配偶者がこの登記を備えると、居住建物の占有を第三者が妨害している場合、配偶者は、その第三者に対して妨害の停止の請求をすることができます。また、配偶者がこの登記を備えると、居住建物を第三者が占有している場合、この配偶者はその第三者に対して返還の請求をすることができます(改正民法1031条、605条、605条の4)。

(ⅴ)**居住建物の修繕等**

配偶者は、居住建物の使用・収益に必要な修繕をすることができます。また、居住建物の修繕を要するとき(配偶者自らその修繕をするときを除く)、もしくは居住建物について権利を主張する者があるとき、配偶者は、居住建物の所有者に対し、遅滞なくその旨を通知しなければなりません。居住建物の修繕を要する場合に配偶者が相当の期間内にその修繕をしないとき、居住建物の所有者は、その修繕をすることができるものとされています(改正民法1033条)。

■■(3) 配偶者居住権の消滅 ■■

(ⅰ)**消滅事由**

配偶者居住権は、終身のものとして設定することができますが、配偶者が前記(2)(ⅰ)用途遵守義務または(ⅲ)配偶者居住権の譲渡等の制限に関する義務に違反して第三者に使用もしくは収益させた場合、居住建物の所有者が相当の期間を定めてその違反を是正するよう催告をすることができます。そして、その期間内にその履行がないとき、居住建物の所有者は、配偶者に通知して配偶者居住権を消滅させることができます。また、配偶者居住権に存続期間

が設定された場合であっても、配偶者が死亡したときは、消滅します（改正民法1032条4項、1036条、597条3項）。

(ⅱ)消滅した際の義務

配偶者は配偶者居住権が消滅した場合、原則として、居住建物を返還し、相続開始の後に居住建物に生じた損傷（通常の使用および収益によって生じた損耗ならびに経年変化を除く）を原状に復する義務を負います（改正民法1035条、621条）。

また、配偶者短期居住権の場合と同様、この原状回復義務の一環として、配偶者は、相続開始の後に居住建物に附属させた物を収去する義務を負います。ただし、居住建物から分離することができない物、または分離するのに過分の費用を要する物については、収去を要しないものとされています（改正民法1035条2項、599条1項2項）。

図表1-3　配偶者が配偶者居住権を取得する例

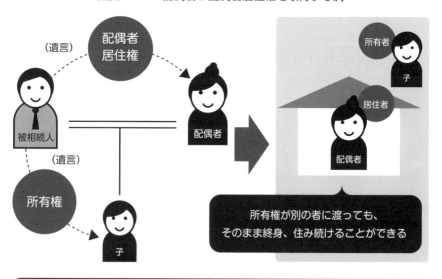

「配偶者居住権」は、遺言等で取得できる新たな権利

3 実務上の対応

　被相続人の配偶者が、遺言等により配偶者居住権を取得することもあるので、信託銀行等が、遺言執行に係る実務を行うにあたり、配偶者居住権の内容、効力等を十分に理解しておくことは不可欠です。

　また、配偶者居住権は、登記をすれば、対抗要件を具備することとなり、その後に居住建物の所有者により設定された抵当権等の担保物権にも対抗することができます。したがって、金融機関が、融資等を行うに際して、こうした居住建物について担保権を取得するときは、配偶者居住権の内容・効力等を十分に把握して、その居住建物を担保評価する必要があります。

図表1-4 配偶者短期居住権と配偶者居住権の異同

	配偶者短期居住権		配偶者居住権
成立要件	配偶者が被相続人の建物に相続開始時に無償で居住していた場合		配偶者が被相続人の建物に相続開始時に居住していた場合において、次に掲げるとき ・遺産の分割により配偶者居住権を取得するものとされたとき ・配偶者居住権が遺贈の目的とされたとき ・配偶者居住権を取得させる死因贈与契約があったとき そのほか、遺産の分割の請求を受けた家庭裁判所の審判によっても成立
存続期間	その居住建物について配偶者を含む共同相続人間で遺産の分割をするべきとき（①）、遺産の分割により居住建物の帰属が確定した日または相続開始時から6カ月を経過する日のいずれか遅い日までの間	左①の場合以外のとき、居住建物の所有権を相続または遺贈により取得した者が配偶者に配偶者短期居住権の消滅の申入れをした日から6カ月を経過する日までの間	存続期間の定めがなければ、終身
使用・収益	無償で使用・収益できるが、善管注意義務を負う		
居住権の譲渡等	譲渡できず、原則として第三者に使用させることができない		
登記請求権	なし		あり
対抗要件	なし		登記により第三者に対抗できる
第三者に対する妨害排除請求権等	なし		登記している場合に、あり

第2章

遺産分割

05 遺産分割における配偶者の保護 新設

Q 遺産分割の場面において、配偶者の保護のために、どのような改正が行われましたか

A 婚姻期間が20年以上の夫婦の一方である被相続人が、他の一方に対し、その居住の用に供する建物またはその敷地（配偶者居住権を含みます）について遺贈または贈与をしたときは、いわゆる「持戻し免除の意思表示」があったものと推定されます（改正民法903条4項）。これにより、配偶者の最終的な相続財産の取得分が増えることが想定されます。なお、配偶者の相続分の引上げは見送られました。

● 解 ● 説 ●

■ 1 現行法における問題点

　法制審議会における審議の過程で、配偶者の相続分の引上げは見送られましたが、高齢社会の進展等の社会情勢に鑑み、配偶者の死亡により残された他方配偶者の生活への配慮を図るという改正の趣旨にのっとって、配偶者の相続分の引上げに代わる方策が検討されました。

　現行法上、各相続人の相続分の算定では、通常、相続人に対する贈与の目的財産を相続財産とみなしたうえで、相続人が贈与または遺贈によって取得した財産は特別受益に当たるものとして、当該相続人の相続分の額からその財産の価額を控除することとされています（民法903条1項）。この、贈与等の価額を具体的相続分算定の基礎となる財産の価額に算入する「持戻し計算」を行った場合には、贈与等の価額が相続分の額を超過するいわゆる「超過特別受益」が存在する場合を除いて、配偶者の最終的な取り分は、贈与等がなかった場合と比べても変わりません。

他方、民法903条3項は、被相続人がいわゆる「持戻し免除の意思表示」をしたときは、その意思表示が、遺留分に関する規定に違反しない範囲内でその効力を有することを定めています。すなわち、具体的相続分の算定にあたって前記の持戻し計算をしないことで、贈与等を受けた者がより多くの財産を取得できることを認めています。一般的に、贈与等が「遺産の先渡し」の趣旨ではなく、相続人の被相続人に対する生前の貢献に報いる趣旨や、相続人の生活保障を厚くする等の趣旨で行われる場合に、このような意思表示がなされるものと考えられます。

2　改正の概要

　改正法では、①婚姻期間が20年以上の夫婦の一方である被相続人が他の一方に対し、②その居住の用に供する建物またはその敷地（【Q4】で述べた「配偶者居住権」を含みます）について遺贈または贈与をしたときは、③民法903条3項の持戻し免除の意思表示があったと推定することとされています（改正民法903条4項）。このような要件を満たす場合には、配偶者の生活保障を図るという政策的観点から合理性が認められるとともに、贈与等を行った被相続人の意思としても、持戻し計算の対象としない意図である蓋然性が高いと考えられることが理由とされています。なお、遺産分割方法の指定と解されている、いわゆる「相続させる旨の遺言」についても遺贈と実質的に大きな差異はないとして、同項を適用ないし類推適用することができると考えられています。

　本方策が適用される場合の効果のイメージは図表2－1のとおりです。

①婚姻期間の算定方法

　前記要素のうち、婚姻と離婚を繰り返した場合の①の婚姻期間の算定方法については、解釈に委ねられるとしつつも、配偶者であった期間を通算するという相続税法施行令4条の6第2項の考え方が参考になるとされています。

②居住用不動産に該当するか否かの判断

　本方策は贈与等が行われた時の被相続人の意思を推定するものであることから、贈与等の時点が基準となるとされています。なお、居宅兼店舗につい

図表2-1 持戻し計算がある場合と持戻し免除の場合の最終的な取得額のイメージ

(a) 持戻し計算ありの場合

Aの相続分 （遺産1億円＋生前贈与分5,000万円）× $\frac{1}{2}$ － 5,000万円 ＝ 2,500万円

最終的な取得額 相続分2,500万円 ＋ 生前贈与分5,000万円 ＝ 7,500万円

※この取得額は、生前贈与がなかった場合と同じである。
（生前贈与がなかった場合のAの相続分および最終的な取得額）
遺産1億5,000万円 × $\frac{1}{2}$ ＝ 7,500万円

(b) 持戻し免除の場合（本方策の適用がある場合）

Aの相続分 遺産1億円 × $\frac{1}{2}$ ＝ 5,000万円

最終的な取得額 相続分5,000万円 ＋ 生前贈与分5,000万円 ＝ 1億円

ては、少なくとも居住用部分は本方策の適用対象となると考えるのが相当であるものの、その余の部分は、当該不動産の構造や形態、被相続人の遺言の趣旨等によって、本方策の対象となるのか、居住用不動産について本方策の適用があることを前提にその余の部分についても事実上の推定が働くと考えるのか、それとも別個独立に持戻し免除の意思表示を検討することとなるのか、判断が異なりうるとされています。

③持戻し免除の意思表示の推定

　本方策は、持戻し免除の意思表示を推定するものであるため、被相続人が異なる意思を表示していた場合には、持戻し免除は認められないこととなります。この点、現行法では、遺贈に係る持戻しの免除の意思表示は、遺言によって行わなければならないと解する立場に立ったとしても、本方策による

持戻し免除の意思表示の推定を破ることは、必ずしも遺言による必要はないと考えられています。

　なお、持戻し免除の意思表示があったとしても、それが他の相続人の遺留分を害する場合には遺留分侵害額請求（現行法における遺留分減殺請求）の対象となると解される点には注意が必要です。

3　実務上の対応

　改正法のもとでは、改正法の要件を満たす住居の贈与等がなされた場合、配偶者とその他の相続人の相続財産の最終的な取り分が、現行法と異なってくることとなります。そのため、顧客に対して相続対策関連のコンサルティングサービスを提供している金融機関は、改正法の内容を踏まえたコンサルティングを行うことが必要になるものと思われます。

　もっとも、前記 2 で述べた本方策の要件①②を満たすような場合には、現行法のもとでも、被相続人による持戻し免除の意思表示を黙示的に認めうるものと考えられます。そのため、本方策によって実務にどの程度の影響が生じるのかについては、注視する必要があるものと思われます。

06 預貯金債権を仮に取得するための保全処分の要件の緩和 変更

特定の預貯金債権の全部または一部を仮に取得させるための保全処分の要件はどのように変わりますか

預貯金債権の仮分割について、家事事件手続法200条2項の要件が緩和されます。遺産分割の審判または調停の申立てがあった場合、相続財産に属する債務の弁済、相続人の生活費の支弁その他の事情により遺産に属する預貯金債権を当該申立てをした者または相手方が行使する必要があると家庭裁判所が認めるときは、他の共同相続人の利益を害しない限り、遺産に属する特定の預貯金債権の全部または一部を仮に取得させることができることとなります（改正家事事件手続法200条3項）。

● 解 ● 説 ●

1 現行法における問題点

　平成28年12月19日最高裁大法廷決定は、それまでの判例を変更し、預貯金債権が遺産分割の対象に含まれるとの判断を示しました。それまでは、預貯金債権は、相続開始と同時に当然に各共同相続人に分割され、各共同相続人は分割により自己に帰属した債権を単独で行使することができるものと解されていました。しかし、この決定が出された後は、遺産分割までの間は、共同相続人全員が共同して預貯金債権を行使する必要があります。

　この点、前記決定の結果、被相続人が負っていた債務の弁済、あるいは被相続人から扶養を受けていた共同相続人の生活費支弁等の事情により、被相続人が有していた預貯金を遺産分割前に払い戻す必要があるにもかかわらず、共同相続人全員の同意が得られないために払い戻すことができないとい

う不都合が生じるおそれがあります。

現行法では、「家庭裁判所は、遺産の分割の審判又は調停の申立てがあった場合において、強制執行を保全し、又は事件の関係人の急迫の危険を防止するため必要があるときは、当該申立てをした者又は相手方の申立てにより、遺産の分割の審判を本案とする仮差押え、仮処分その他の必要な保全処分を命ずることができる」と規定する家事事件手続法200条2項の仮分割の仮処分の活用が考えられます。しかし、同項は共同相続人の「急迫の危険を防止するため必要があるとき」という厳格な要件を課していることから、預貯金債権の仮分割に関して要件の緩和が検討されることになりました。

2 改正の概要

改正法では、家事事件手続法200条2項の要件を緩和して、家庭裁判所が、①遺産の分割の審判または調停の申立てがあった場合において、②相続財産に属する債務の弁済、相続人の生活費の支弁その他の事情により遺産に属する預貯金債権を当該申立てをした者または相手方が行使する必要があると認めるときは、③その申立てにより、④遺産に属する特定の預貯金債権の全部または一部を仮に取得させることができることとしています。ただし、⑤他の共同相続人の利益を害するときは、この限りではありません（改正家事事件手続法200条3項）。

追加試案の補足説明によれば、前記のうち、①については、他の家事事件の保全処分と同様、仮分割の仮処分を申し立てるにあたっては、遺産分割の調停または審判の本案が家庭裁判所に係属していることが要件となっています。

②については、仮処分の必要性の判断を家庭裁判所の裁量に委ねる趣旨です。相続財産に属する債務の弁済や相続人の生活費の支弁は例示であり、仮処分をこれらの場合に限定するものではありません。

③については、この仮処分を、相続人の申立てによることとするものです。

④については、民事事件における保全と本案訴訟との関係と同様、原則として、仮分割が認められて申立人に預貯金の一部が給付されたとしても、本

分割においてはそれを考慮すべきではなく、あらためて仮分割された預貯金債権を含めて遺産分割の調停または審判をすべきものと考えられるとされています。

⑤については、具体的には個々の事件を担当する裁判官の判断に委ねられるものの、㋐「原則として、遺産の総額に申立人の法定相続分を乗じた額の範囲内（相手方から特別受益の主張がある場合には具体的相続分の範囲内）で仮払いを認める」、㋑「被相続人の債務の弁済を行う場合など事後的な精算も含めると相続人間の公平が担保されうる場合には㋐の額を超えた仮払いを認めることもありうる」、㋒「㋐の額の範囲内での仮払いを認めるのも相当でなく、当該預貯金債権の額に申立人の法定相続分を乗じた額の範囲内に限定するのが相当な場合（たとえば、預貯金債権のほかには、一応の資産価値はあるが市場流通性の低い財産が大半を占めており、他の共同相続人も預貯金債権の取得を希望することが想定される場合）にはその部分に限定することもありうる」、といった解釈論を許容することを想定していると説明されています。

なお、仮分割による支払と預貯金債権の債務者たる金融機関との関係については、仮分割によって特定の相続人が預貯金債権を取得し、金融機関から支払を受けた場合、当該金融機関との関係では有効な弁済として扱われ、本分割において異なる判断が示された場合であっても当該金融機関が行った弁済の有効性が事後的に問題となる余地はないものと考えられる、と説明されています。

3 実務上の対応

本改正の内容は、現行法の家事事件手続法200条2項の要件を緩和するものです。預貯金債権の仮分割の仮処分の制度自体は現行法でも存在するものですが、現行法における当該仮処分はほとんど活用されていないとされています（笹川豪介「相続法改正－可分債権等の遺産分割における取扱い・仮払い制度等について」銀行法務21　818号30頁参照）。一方、改正後は、仮処分がより活用されるようになる可能性があります。

仮分割の仮処分に基づいて金融機関が預貯金の払戻しを行った場合には、当該金融機関との関係では有効な弁済として扱われることとなるため、金融

機関としては、仮処分の内容を確認したうえで、仮処分で認められた範囲内で払戻しを行うこととすれば足りるものと考えられます。なお、金融機関が仮処分に基づいて払戻しを請求してきた相続人に対する債権を有する場合には、相殺を検討することとなるものと思われます。

図表2-2　仮分割制度

▶手続等の流れ

遺産分割前に預貯金を払い戻したい → 相続人が家庭裁判所に申し立てる → 認められた場合 申立人の法定相続分内で仮分割をする → あらためて仮分割分を含めて遺産分割の調停審判を行う

▶要件

現行法

家庭裁判所は、
①遺産の分割の審判または調停の申立てがあった場合において、
②強制執行を保全し、または**事件の関係人の急迫の危険を防止するため必要があるときは、**
③当該申立てをした者または相手方の申立てにより、
④遺産の分割の審判を本案とする仮差押え、仮処分その他の必要な保全処分を命ずることができる。

【緩和】

改正法

家庭裁判所が、
①遺産の分割の審判または調停の申立てがあった場合において、
②**相続財産に属する債務の弁済、相続人の生活費の支弁その他の事情により遺産に属する預貯金債権を当該申立てをした者または相手方が行使する必要があると認めるときは、**
③その申立てにより、
④遺産に属する特定の預貯金債権の全部または一部を仮に取得させることができる。
⑤ただし、他の共同相続人の利益を害するときは、この限りでない。

07 家庭裁判所の判断を経ないで預貯金の払戻しを認める方策 新設

家庭裁判所の判断を経ないで預貯金の払戻しができる制度が創設されると聞きましたが、どのようなものですか

各共同相続人が、遺産に属する預貯金債権のうち、その相続開始時の債権額の3分の1に当該共同相続人の法定相続分を乗じた額について、単独でその権利を行使することができる制度です。ただし、その額は預貯金債権の債務者である金融機関ごとに150万円を限度とするとされています（改正民法909条の2）。

● 解 ● 説 ●

1 現行法における問題点

【Q6】で説明した仮分割の仮処分は、家事事件手続法200条2項の要件を緩和し、一定の要件のもとで預貯金債権の仮分割を認めるものですが、要件を緩和したとしても、相続開始後に資金需要が生じた場合において、裁判所に保全処分の申立てをしなければ単独での払戻しが一切認められないこととなった場合、相続人にとっては負担となる可能性があります。

そこで、各共同相続人が、裁判所の判断を経ることなく、金融機関の窓口において遺産に含まれる預貯金債権を行使することができることとする制度が設けられました。

2 改正の概要

改正法では、各共同相続人は、遺産に属する預貯金債権のうち、その相続開始の時の債権額の3分の1に当該共同相続人の法定相続分を乗じた額

（ただし、預貯金債権の債務者たる金融機関ごとに法務省令で定める額を限度とする）については、単独でその権利を行使することができます（改正民法909条の2）。

【Q6】でも触れた平成28年12月19日最高裁大法廷決定は、預貯金債権が遺産分割の対象に含まれるとし、当該決定によれば、遺産分割までの間は、本来、相続人が単独で払戻しを求めることはできません。しかし、通常他の共同相続人の利益を害することがないと認められる限度では、単独での権利行使を認め、小口の資金需要に対応できるようにするのが国民の利便に資すると考えられます。そこで、預貯金債権のうち一定割合（ただし金額の上限あり）については相続人単独で権利行使ができるようにするというのがこの制度の趣旨です。

なお、預貯金債権のうち相続人が単独で払戻しを受けられる金額については、各預貯金債権の額の3分の1に払戻しを求める共同相続人の法定相続分を乗じた額とされています（同条前段）。これは、具体的な遺産分割の方法を定めるにあたっての調整に資する財産を遺産分割の対象とする要請が存在することなどを踏まえてなされた前記決定の趣旨に配慮しつつ、葬儀費用等の資金需要や高齢世帯の貯蓄状況等を勘案したものです。

また、払戻しの上限額についても、標準的な必要生計費や平均的な葬式費用の額その他の事情（高齢世帯の貯蓄状況）を勘案して決定する必要があり、これらの事情は景気や社会情勢によっても変動することが考えられることから、払戻しの上限額については法律で規定するのではなく、より柔軟な対応が可能となる法務省令で定めることとされました（同条前段かっこ書）。具体的には150万円とされ、これは、金融機関ごとの上限額となります。

相続人が本規律に基づいて権利行使をした預貯金債権については、当該共同相続人が遺産の一部分割により取得したものとみなされ、精算されることとなります（同条後段）。

3 実務上の対応

改正法によれば、金融機関としては、①相続開始時の当該金融機関における各預貯金債権の額の3分の1に当該共同相続人の法定相続分を乗じた額

を、②金融機関ごとに法務省令で定められた上限額（具体的には150万円）の範囲内で払い戻す義務を負うこととなります。

①については、法定相続分の計算が必要となるため、相続人の範囲の確認が必要となります。預貯金債権の額は相続開始時点のものが基準となるため、相続開始日を確認し、相続開始後に発生した預金については算定基礎から除外する必要があるものと考えられます。また、①②いずれの金額も、個々の共同相続人が権利行使できる上限を定めたものであるため、金融機関は、個々の共同相続人ごとに、払い戻した金額を管理できるようにする必要があります。金融機関が本制度に基づいて払戻しを請求してきた相続人に対して債権を有する場合には相殺を検討することとなるものと思われます。

なお、この制度は、現行法において金融機関が行っている便宜払い制度と趣旨が重複するため、金融機関ごとに、便宜払いの取扱いとの関係を整理する必要があるものと思われます。

図表2-3 家庭裁判所の判断を経ない預貯金の払戻し

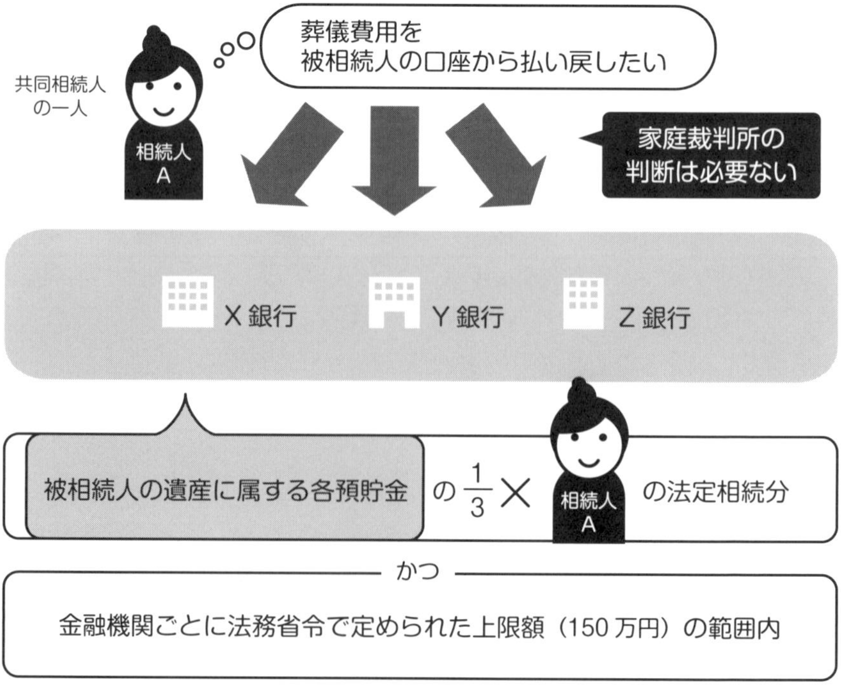

共同相続人の一人（相続人A）：葬儀費用を被相続人の口座から払い戻したい

家庭裁判所の判断は必要ない

X銀行　Y銀行　Z銀行

被相続人の遺産に属する各預貯金 の $\frac{1}{3}$ × 相続人A の法定相続分

かつ

金融機関ごとに法務省令で定められた上限額（150万円）の範囲内

08 遺産の一部分割および残余の遺産の分割 明文化

遺産の一部分割および遺産の一部分割が行われた場合の残りの遺産の分割について、どのような改正が行われましたか

遺産の一部分割に関するルールが明文化されました。
共同相続人は、被相続人が遺言で禁じた場合を除き、いつでも、その協議によって、遺産の全部または一部の分割をすることができます（改正民法907条1項）。
また、共同相続人間で遺産分割の協議が調わないとき、または協議をすることができないとき、各共同相続人は、その全部または一部の分割を家庭裁判所に請求することができます（同条2項）。ただし、遺産の一部の分割をすることにより他の共同相続人の利益を害するおそれがある場合におけるその一部の分割は除きます（同項ただし書）。
遺産の一部分割が行われた場合における残りの遺産の分割に関しては、特別なルールは定められておらず、残りの遺産について、さらに一部分割を行うこともできます。

● 解 ● 説 ●

■ 1 現行法における問題点 ■

　一般的に、遺産分割においては、遺産の範囲を確定させたうえで、遺産の全部について、一度に解決を図ることが望ましいと考えられます。しかし、遺産分割を一度に行うことに支障があるなど、一部分割をする必要性があり、かつ、「遺産に属する物又は権利の種類及び性質、各相続人の年齢、職業、心身の状態及び生活の状況その他一切の事情を考慮して」（民法906条参照）、最終的に遺産の全部について公平な分配を実現することができる場合

には、実務上、審判、調停または協議のいずれにおいても、遺産の一部を除外して分割することができると考えられています。もっとも、どのような場合に一部分割が可能であるかは、現行法の条文上、必ずしも明らかではありません。

そこで、一部分割に関する規律を明確にすべく、改正法において遺産の一部分割に関するルールが定められました。

■ 2 遺産の一部分割に関するルール ■

遺産の一部分割に関するルールについて、改正法では、①「共同相続人は、・・・被相続人が遺言で禁じた場合を除き、いつでも、その協議で、遺産の全部又は一部の分割をすることができる」（改正民法907条1項）、②「遺産の分割について、共同相続人間に協議が調わないとき、又は協議をすることができないときは、各共同相続人は、その全部又は一部の分割を家庭裁判所に請求することができる。ただし、遺産の一部を分割することにより他の共同相続人の利益を害するおそれがある場合におけるその一部の分割については、この限りでない」（同条2項）というルールが定められています。

①については、共同相続人は、遺産の一次的な処分権限があることから、いつでも、遺産の一部を、残りの遺産から分離独立させて、確定的に分割をすることができるものと考えられるため、このようなルールが明定されました。もっとも、現行法（民法907条1項）では、被相続人の意思を尊重する観点から、被相続人が遺言で禁じた場合を除くとされており、改正法でも、そのような例外要件が維持されています。

②については、遺産分割について共同相続人間の協議が調わない場合に、共同相続人が、遺産の全部の分割のみならず、その一部のみの分割についても、家庭裁判所に求めることができること、すなわち家庭裁判所における調停や審判の手続を利用できることを明らかにしたものです。これは、現行法では、特に「全部」や「一部」の文言が用いられていないところ、「一部」のみの分割を家庭裁判所に求めることができるとして、明確化を図るものといえます。

もっとも、一般に、一部分割は、最終的に遺産の全部について公平な分配

を実現することができる場合に許容されるものと解されています。そこで、一部分割をすることによって、最終的に適正な分割を達成しうるという明確な見通しが立たない場合には、当事者が遺産の一部について分割することを合意したとしても、家庭裁判所は、一部分割の審判をするのではなく、当該一部分割の請求は不適法であるとして、却下するのが相当と考えられます。こうした理由から、遺産の一部を分割することにより、他の共同相続人の利益を害するおそれがある場合におけるその一部の分割は、例外的に、一部分割の請求を不適法とし、家庭裁判所は、その請求を却下しなければならないとされています。

このような②のルールは、遺産分割の範囲について、①のように一次的には当事者の処分権を認めつつも、それによって適正な遺産分割が実現できない場合には、家庭裁判所の後見的な役割を優先させ、当事者の処分権を認めないという考えに基づいています。

3 遺産の一部分割がなされた場合における残った遺産の分割に関するルール

遺産の一部分割がなされた場合における残りの遺産の分割については、改正法の審議過程では、原則として、特別受益および寄与分に関する規定を適用しないというルールを定めることが検討されていました。一部分割の審判のなかで特別受益および寄与分に関する調整が終わっていると考えられること等がその理由です。

しかし、改正法では、そのような特別なルールは定められませんでした。したがって、遺産の一部分割がなされた場合における残りの遺産の分割についても、特に制約を受けることもなく、さらに一部分割をすることもでき、その後数次にわたって一部分割をすることもできます。

4 実務上の対応

現行法のもとでも、実務上、審判、調停または協議のいずれにおいても、遺産の一部を除外して分割することができると考えられています。改正法に

おいて遺産の一部分割に関するルールが定められたのは、一部分割に関する規律を条文上明確化するためです。

　銀行や保険会社などの金融機関においても、従前から一部分割に関する遺産分割協議書、調停調書または審判書等も取り扱っているものと思われますので、相続の手続（被相続人の預貯金債権の相続手続など。なお、預貯金債権の相続に関する改正法による規律については、【Q6】参照）に関して、従前の実務（書式等を含みます）を直ちに変更する必要はないものと考えられます。

　もっとも、遺産の一部分割に関するルールが明文化されると、一部分割の利用が増えることが予想されます。これまで一部分割の件数が少ないために、一部分割を含む相続手続に関して個別に判断し、そのつど対応していた等の事情があれば、マニュアルやチェックリストを整備し、効率的に事務が行えるように備えることも検討されてよいと思われます。

図表2-4　遺産の一部分割に関するルールの明確化

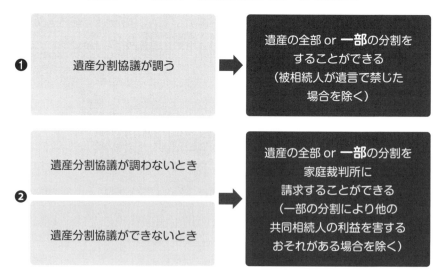

09 相続開始後の共同相続人による財産処分 変更

共同相続人の一人が、相続開始後、遺産に属する財産を遺産分割前に処分した場合の遺産分割について、どのような改正が行われましたか

現行法では、共同相続人の一人が相続開始後に、遺産に属する財産の全部または一部を遺産分割前に処分した場合、処分された遺産は、遺産分割の対象となるか否か明確にされていませんでした。改正法のもとでは、遺産を処分した共同相続人以外の共同相続人全員の同意があった場合には、当該処分をした財産も遺産として存在するものとみなされ遺産分割が行われます。

● 解 ● 説 ●

■ 1 現行法における問題点 ■

　共同相続された遺産は、相続人に共有されることとなります（民法898条）。共有状態となった遺産は、遺産分割の手続を行うと、具体的相続分を基準として各相続人に分割されます（民法907条）。

　しかし、現行法上、共有状態となった遺産について、共同相続人がその共有持分を処分することは禁じられておらず、また、処分された共有持分についても、遺産分割における処理に関する規定はありません。この場合、遺産分割の場面で以下のような問題が生じます。

　遺産分割の対象となる遺産は、被相続人の死亡時に被相続人に属しており、かつ、遺産分割時にも存在している未分割の財産とされていますが、遺産分割前に共同相続人が処分した財産は、遺産分割時には存在していないため、遺産分割の対象にはなりません。その結果、処分された財産を除いた遺

産のみを対象として遺産分割が行われることとなり、処分をした共同相続人の最終的な遺産の取得額が、他の共同相続人の取得額に比べて大きくなるという不公平が生じることとなります（ケース1参照）。

そこで、このような共同相続人間の不公平を解消するために、改正法では、次のような規律が設けられました。

2 改正の概要

改正法では、①「遺産の分割前に遺産に属する財産が処分された場合であっても、共同相続人は、その全員の同意により、当該処分された財産が遺産の分割時に遺産として存在するものとみなすことができる」という規律（改正民法906条の2第1項）、および②「共同相続人の一人または数人により①の財産が処分されたときは、当該共同相続人については、①の同意を得ることを要しない」という規律（同条第2項）が設けられています（以下、「本規律」といいます）。本規律によって、遺産分割前に共同相続人によって処分された遺産についても、遺産を処分した共同相続人以外の共同相続人全員が同意すれば、遺産分割の対象とすることができ、前記のような遺産分割における共同相続人間の不公平を解消することが可能となりました（ケース2参照）。

現行法のもとでも、判例および実務によって、遺産分割時に存在しない財産であっても、共同相続人が遺産分割の対象に含める旨の合意をした場合は、遺産分割の対象になると考えられていました。本規律の①は、この考え方を明文化したものです。

また、遺産が遺産分割前に処分された場合には前記のような共同相続人間の不公平が生じますが、遺産を処分した共同相続人によって当該不公平が起こされていますから、当該共同相続人から本規律の同意を得る必要はありません。そのため、本規律の②では、遺産を処分した共同相続人からは、本規律の①の同意を得ることを要しないという規律が設けられています。結果として、遺産の処分を行った共同相続人以外の共同相続人全員の同意があれば、本規律の①が適用されるということとなります。

3 実務上の対応

　平成28年12月19日最高裁大法廷決定などの判例において、預貯金債権は、相続開始と同時に当然に分割されるのではなく、遺産分割の対象となると判断されました。したがって、共同相続人が、遺産である預貯金を払い戻す行為は、遺産の処分に該当することとなりました。

　預貯金債権については仮払い制度（【Q7】参照）が設けられる予定ですが、仮払い制度で認められる金額を超える払戻しが行われた場合には、共同相続人による遺産の処分として、本規律が適用されることとなるものと思われます。

　本規律が設けられたことによって、遺産分割の場面で遺産の処分が問題となった場合、「誰が遺産を処分したのか」という点について争われるケースが増加すると考えられます。したがって、金融機関においては、このようなケースで共同相続人から預貯金の払戻しに関する照会を受けた場合の対応について、その方針を検討しておく必要があります。

図表2－5　相続開始後の共同相続人による財産処分（現行法と改正法の比較）

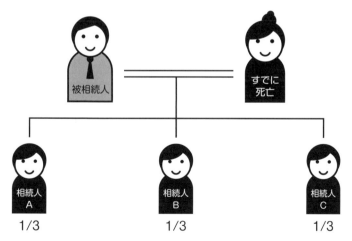

・相続人は被相続人の子A、B、Cの3名（法定相続分は3分の1ずつ）。
・遺産は1,500万円。

ケース1（現行法のもとでの遺産分割）

①遺産分割前の遺産の処分がなかった場合

遺産分割の対象は1,500万円であり、1,500万円×3分の1＝500万円が、各相続人の取得分となります。

500万　　　　　　　500万　　　　　　　500万

②Aが遺産分割前に300万円を処分した場合

遺産分割時にすでに処分されている300万円は、遺産分割の対象とならないため、1,200万円のみが遺産分割の対象となります。

➡1,200万円×3分の1＝400万円が、各相続人の遺産分割による取得分
➡処分した分と合わせると、Aは700万円、BおよびCはそれぞれ400万円を取得することとなり、①の場合と比較して、Aが利益を得て、BおよびCは不利益を受ける結果となります。

300万　　　　　　　400万　　　　　　　400万
＋
400万

ケース2 (本規律を適用した場合の遺産分割)

ケース1②の事例で、BおよびCが同意した場合

➡ 遺産分割前にAが処分した300万円も遺産とみなされるため、1,500万円が遺産分割の対象となります。

➡ 1,500万円×3分の1＝500万円が、各相続人の遺産分割による取得分となります。

➡ Aはすでに遺産から300万円を取得しているため、残っている預金からは200万円のみ取得することができます。

➡ したがって、A、BおよびCは各500万円の遺産を取得することとなり、ケース1①と同様の結果をもたらすことができます。

相続人A
300万
＋
200万

相続人B
500万

相続人C
500万

10 相続開始後における不動産共有持分の売却および差押え 変更

Q 共同相続人の一人が、遺産分割前に遺産に属する不動産の共有持分を売却した場合、遺産分割はどのように行われますか。また、共同相続人の債権者が、共同相続人の不動産の共有持分を差し押さえた場合、どのようになりますか

A 共同相続人の一人が、遺産分割前に遺産に属する不動産の共有持分を売却した場合、当該共有持分は遺産から逸出してしまうため、本規律（【Q9】参照）の適用により、他の共同相続人全員の同意があれば、当該共有持分も遺産として存在するものとして遺産分割が行われます。他方、共同相続人の債権者が、遺産に属する当該共同相続人の不動産の共有持分を差し押さえただけでは当該共有持分は遺産から逸出しないため、本規律を適用するまでもなく、当該共有持分も遺産分割の対象として扱われると考えられています。

● 解 ● 説 ●

■ 1 不動産の共有持分を売却した場合 ■

共同相続人の一人が、遺産分割前に不動産の共有持分を第三者に売却した場合、現行法のもとでは、当該共有持分は遺産分割の対象として扱われません。このような場合、共有持分を売却した共同相続人の最終的な財産の取得額が、他の共同相続人の取得額と比べて大きくなるという不公平が生じることとなります（ケース1参照）。そこで、【Q9】で述べた本規律が、不動産の共有持分が売却された場合にも適用されることとなります。

すなわち、共同相続人の一人が、遺産分割前に不動産の共有持分を売却した場合、他の共同相続人の同意があれば、当該共有持分も遺産として存在す

るものとみなされ遺産分割が行われます（ケース2参照、改正民法906条の2第1項）。その際、遺産分割の対象とされるのは、あくまで処分された不動産の共有持分であって、当該共有持分の売却代金などの代償財産ではありません。代償財産を遺産分割の対象としてしまうと、処分が無償または相当な対価を得ずに行われた場合に、その損失を他の共同相続人が被ることとなり、相当ではないと考えられたからです。したがって、本規律が適用された場合、当該共有持分の売却代金にかかわらず、当該共有持分自体の価格を基準に遺産分割が行われることとなります。

　なお、本規律は、共同相続人の一人が他の共同相続人の同意を得ずに共有持分を処分した場合を対象にしているため、共同相続人全員の同意によって遺産であった不動産を売却した場合には、適用されません。

2　不動産の共有持分が差し押さえられた場合

　共同相続人の債権者が、当該共同相続人の不動産の共有持分を差し押さえた場合、債務者である共同相続人は、差押え以後、当該共有持分の処分を行うことができなくなります（民事執行法46条1項）。この場合、差押えを受けた共有持分を含む遺産について、遺産分割を行うことができるかが問題となります。この点について、差押えの処分禁止効については、一般的に当該差押えに基づく執行手続に参加する債権者との関係でのみ問題となる効力と解されており、また、差し押さえた不動産の共有持分の移転時期は、売却許可決定がなされた後（民事執行法69条）、買受人が代金を納付した時点とされています（民事執行法79条）。このことから、差し押さえられた共有持分は、差押え時ではなく、買受人の代金納付時に遺産から逸出すると考えることができます。このように考えれば、共有持分が差し押さえられたとしても、買受人の代金納付前であれば、当該共有持分も遺産分割の対象になります。したがって、共同相続人の債権者が、当該共同相続人の不動産の共有持分を差し押さえた場合、本規律を適用しなくても、共同相続人間の不公平が生じることにはなりません（ケース3参照）。

　なお、遺産分割前に買受人が代金を納付した場合には、差押えを受けた遺

産が遺産分割の対象からはずれることにより、ケース1と同様の共同相続人間の不公平が生じます。そのため、この場合には、本規律が適用または類推適用される余地もあると考えられています。

3 実務上の対応

本規律が設けられたことにより、他の共同相続人全員の同意があれば、遺産分割の対象財産に、遺産分割前に共同相続人によって売却された不動産の共有持分が含まれることとなりました。もっとも、本規律は遺産分割の対象となる財産の範囲を共同相続人間でどのように確定するかの問題であるため、金融機関の実務上必ずしも大きな影響が生じるものではないと考えられます。

図表2－6　相続開始後の不動産共有持分の売却（現行法と改正法の比較）

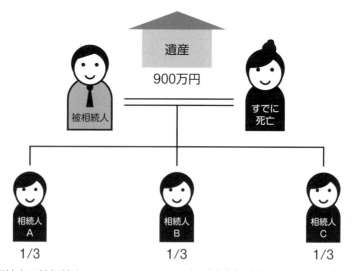

・相続人は被相続人の子A、B、Cの3名（法定相続分は3分の1ずつ）。
・遺産は不動産900万円。

ケース1 (現行法のもとでの遺産分割)

①遺産の処分がなかった場合

遺産分割の対象は不動産900万円であり、不動産の持分300万円が、各相続人の取得分となります。

300万　　　　　　　　300万　　　　　　　　300万

②Aが遺産分割前に不動産の共有持分300万円を売却した場合

遺産分割時にすでに処分されている不動産の共有持分300万円は遺産分割の対象とならないため、不動産の共有持分600万円のみが遺産分割の対象となります。

➡不動産の持分200万円が各相続人の遺産分割による取得分となります。

➡売却分と合わせると、Aは500万円、BおよびCはそれぞれ200万円を取得することとなり、①の場合と比較して、Aが利益を得て、BおよびCは不利益を受ける結果となります。

300万　　　　　　　　200万　　　　　　　　200万
＋
200万

ケース2 (本規律を適用した場合の遺産分割)

ケース1②の場合で、BおよびCが同意した場合

➡ 遺産分割前にAが処分した不動産の共有持分300万円も遺産とみなされるため、900万円が遺産分割の対象となります。

➡ 900万円×3分の1＝300万円が各相続人の遺産分割による取得分となります。

➡ Aは、すでに売却している持分300万円を遺産分割において取得したこととなるため、実際に残っている不動産の共有持分を新たに取得することはできません。

➡ したがって、A、BおよびCは各300万円の遺産を取得することとなり、ケース1①と同様の結果をもたらすことができます。

300万

300万

300万

ケース3 (差押え後代金納付前に行われた場合の遺産分割)

ケース1①を前提に、Aの不動産の共有持分300万円が差し押さえられた場合

買受人の代金納付前であるため、差し押さえられたAの共有持分300万円も、遺産分割の対象となります。

➡ 遺産分割の対象は不動産900万円であり、不動産の共有持分300万円が各相続人の取得分となります。

➡ Aは、差し押さえられた共有持分300万円のみ取得することとなり、BおよびCに差押えの影響は及びません。

11 共同相続人による共有持分を超える財産処分 変更

Q 共同相続人の一人によって、その共有持分を超える遺産の処分が行われた場合、遺産分割はどのように行われますか

A 共同相続人は、共有持分を超える遺産について無権限であるため、共同相続人が行った処分のうち、当該共同相続人の共有持分を超える部分は無効となります。したがって、原則として共有持分を超える遺産については権利移転の効力が生じず、遺産分割にも影響はありません。ただし、共有持分を超える遺産の処分が例外的に有効となる場合があり、そのような場合には、本規律（【Q9】参照）が適用され、遺産の処分を行った共同相続人以外の共同相続人全員の同意があれば、当該部分が遺産として存在するものとみなされ遺産分割が行われます。

● 解 ● 説 ●

1 原則的取扱い

共同相続人は、共有持分を超える遺産については無権限であり、共同相続人が行った処分のうち、当該遺産についての処分は無効となります。そのため、原則として当該遺産の範囲では権利移転の効力は生じず、【Q9】で述べた本規律を適用しなくても、当該遺産は遺産分割の対象となります。したがって、処分された遺産のうち、当該共同相続人の共有持分に該当する範囲のみ本規律を適用すれば、共同相続人間の不公平は生じないこととなります。

ただし、次のような場合には、例外的に本規律が適用されることとなります。

2 例外的な取扱いが必要な場合

　たとえば、金融機関が被相続人の死亡を知る前に、共同相続人の一人が預貯金の払戻しをしたような場合には、準占有者に対する弁済（民法478条）として、金融機関の当該共同相続人に対する払戻しが有効となる可能性があります。このように、共同相続人の一人が自己の共有持分を超えて遺産の処分を行った場合であっても、例外的に当該処分が有効とされることがあります。そして、処分が有効とされた部分については、自己の共有持分の範囲内で遺産を処分した場合と同様に、当該有効部分は遺産から逸出し、遺産分割の対象となりません。このような場合、自己の共有持分を超えた部分についても遺産分割の対象としなければ、【Q9】で述べたように、共同相続人間で遺産の取得分について不公平が生じることとなります。そこで、当該処分が有効とされた場合には、共同相続人の共有持分を超える部分についても本規律が適用されることとなります。

3 損害賠償請求権または不当利得返還請求権との関係

　本規律が適用される場合であっても、共同相続人の一人が自己の共有持分を超えて遺産を処分したことによって、他の共同相続人の持分を侵害した場合には、他の共同相続人が、当該処分をした共同相続人に対する不法行為に基づく損害賠償請求権（民法709条）または不当利得返還請求権（同法703条、704条）を取得することに関しては、改正後も変わりはありません。

　ただし、処分された遺産も遺産分割の対象とする場合、遺産分割の遡及効により（民法909条）、他の共同相続人の損害賠償請求権や不当利得返還請求権が消滅することとなります。そのため、他の共同相続人が遺産を処分した共同相続人に対して損害賠償または不当利得の返還を求めている場合、当該他の共同相続人は、遺産分割での精算を希望していないと考えることができます。したがって、このような場合、本規律の適用はないものと考えられています。

4 実務上の対応

　平成28年12月19日最高裁大法廷決定などの判例で、預貯金債権は、相続開始と同時に当然に分割されるのではなく、遺産分割の対象となると判断されました。これにより、共同相続人が、他の共同相続人全員の同意を得ることなく遺産である預貯金を払い戻すことは、準占有者に対する弁済に該当しない限り、無効となりました。金融機関としては、共同相続人に預貯金を払い戻す際には、無効な払戻しとならないよう共同相続人の範囲や他の共同相続人の同意の有無の確認を徹底する必要があります。

　また、準占有者に対する弁済として払戻しが有効になったとしても、本規律が適用される関係上、誰がいくら払い戻したかなどの払戻しに関する情報について、証拠をきちんと残しておくことが重要であると思われます。

共同相続人による共有持分を超える財産処分がなされた場合の考え方

①処分が無効である場合

当該処分による財産の移転は生じず、遺産から逸出することはありません。
➡当然に遺産分割の対象となります。

②処分が有効である場合

当該処分による財産の移転が生じ、遺産から逸出します。
➡他の共同相続人全員の同意があれば、遺産として存在するものとみなされることによって、遺産分割の対象となります。

第3章

遺言制度

12 自筆証書遺言の方式 変更

Q 自筆証書遺言が提出された場合、遺言書の有効性について確認する方法に変更はありますか

A 現行法における自筆証書遺言の全文自書の要件が緩和され、自筆証書遺言のうち、相続財産（遺贈の目的である権利が相続財産に属しない場合にあっては、その権利を含む）の全部または一部の目録を添付する場合、その目録については、自書する必要がなくなりました。具体的な要件としては、その財産目録のすべての頁（自書によらない記載がその両面にある場合にあっては、その両面）に署名し、かつ押印すれば、自書する必要はありません（改正民法968条2項）。また、遺言書に添付していた財産目録を削除し、修正した新しい財産目録を添付する方法で加除訂正を行う際にも、自書により財産目録が記載されている場合のほか、旧財産目録を新財産目録のとおり訂正する旨の文言が自書されており、かつ、新財産目録のすべての頁（自書によらない記載がその両面にある場合にあっては、その両面）に遺言者の署名押印がされている場合であれば、効力が認められます。

● 解 ● 説 ●

■ 1 現行法における問題点 ■

　相続預金を払い戻す場面において、金融機関として遺言書の有効性の確認が必要となる場合があります。
　遺言書の方式には、①「遺言者自らが作成する自筆証書遺言」、②「遺言者から遺言の趣旨を伝えられた公証人が作成する公正証書遺言」、③「公証人および証人の関与のもと、遺言者が遺言の内容を知られることなく遺言書

に封をして遺言の内容を秘密にする秘密証書遺言」があります。このうち、①自筆証書遺言は、②③とは異なり一人で作成することができる利便性もあり、利用が年々増加しています。

しかし、現行法において、自筆証書遺言は、遺言書の全文、日付および氏名を遺言者が自書する方法によらなければならず、他人に代筆してもらうことや、パソコン等を用いて作成する方法は認められません。高齢者等にとって、全文を自書することはかなりの労力を伴うものであり、自筆証書遺言の利用を妨げる原因の1つとなっているとされています。

また、現行法において、自筆証書遺言の加除訂正等の変更を行う場合、遺言者が変更の場所を指示し、変更した旨を付記して特にこれに署名し、かつ、変更の場所に押印しなければ効力が生じないとされています。このような厳格な方式を遺言者が遵守できないことで、変更の効力が生じず、遺言者の意思が相続に反映されないおそれがあるとの指摘もされています。

このような問題意識に基づいて、自筆証書遺言の作成方法を緩和し、自筆証書遺言を利用しやすくするための改正が行われました。

2 全文自書の要件の緩和

改正法において、自筆証書遺言に、相続財産（遺贈の目的である権利が相続財産に属しない場合は、その権利を含む）の全部または一部の目録を添付する場合、その目録については自書によることを要しないこととされました（改正民法968条2項）。この財産目録には、不動産の表示（土地については所在・地番・地目・地積等、建物については所在・家屋番号・種類・構造・床面積等）や、預貯金の表示（金融機関名・口座の種類・口座番号・口座名義人等）を記載することが想定されています。これらの事項は、すべて自書することが煩雑である反面、対象となる財産を特定するための形式的な事項であることから、自書でなくともよいとされました。これにより、たとえば図表3－1のような遺言書も効力が認められることとなります。

そのため、他人に代筆してもらうことや、パソコン等を使用して印字する方法も認められます。また、不動産の登記事項証明書や、預貯金通帳の写し等を添付して、それを財産目録とすることも可能です。

ただし、このような財産目録について、自書によらないで作成するためには、遺言者がその財産目録のすべての頁に署名し、かつ、これに印を押さなければならないとされています。また、その財産目録において、自書によらない記載がその両面にある場合は、その両面に署名と押印が必要となります。このように署名押印が要求されるのは、自筆証書遺言における全文自書の要件を緩和することで、遺言の偽造や変造が容易になる懸念も生じるため、すべての頁に署名し、かつ、押印を要求することで、偽造等のリスクを減らそうとするためです。

　なお、遺言書本文における押印とこの財産目録に必要な押印について同一の印鑑であることまでは要求されません。遺言書への押印で使用する印鑑について、印鑑登録証明がされているものに限るといった限定が特にない以上、遺言書の偽造を完全に防止できるわけではないことから、同一の押印を要求したとしても偽造を防止する効果にさほど変わりは無いと考えられたためです。

3　加除訂正の方式の緩和

　現行法では、自筆証書遺言に対する加筆や削除等の訂正についても厳格な方式が要求されています。遺言者が変更の場所を指示し、変更した旨を付記して特にこれに署名し、かつ、変更の場所に押印しなければ、変更の効力は生じません。

　この点に関しても、改正法は、現行法における方式を緩和しました。自筆証書遺言に、別紙として添付していた財産目録を削除し、修正した新しい財産目録を添付する方法で加除訂正を行う方法であったとしても、加除訂正の効力を認めることとしました。

　具体的には、旧財産目録を新財産目録のとおりに訂正する旨の文言が自書されており、かつ、新財産目録のすべての頁に遺言者の署名押印がされていれば、加除訂正が認められます。このような場合であれば、変造等のおそれは低いと考えられたためです。

　なお、この方法で訂正する場合、財産目録自体の訂正内容については自書の必要はありませんが、そのような訂正を行う旨の文言自体は財産目録では

ないため、自書が必要となる点に注意を要します。

4 実務上の対応

　金融機関は、自筆証書遺言を確認する必要がある場合、全文自書によりされているかを中心に確認する必要がありました。しかし、改正法では、自筆証書遺言のなかの財産目録については、自書による必要がありません。

　そのため、自筆証書遺言のなかに自書によらない部分がある場合には、①まず、自書によらない部分が財産目録に該当するかを確認し、②該当する場合には、自書によらない部分があるすべての頁に遺言者の署名と押印があるかを確認する必要があります。

　自筆証書遺言の訂正が自書によらない部分を含む場合も、前記①②の点を確認する必要がありますが、前記3のとおり、「訂正を行う」旨の文言自体は遺言者の自書でなければならないため、注意が必要です。

図表3-1　自筆証書遺言の方式（全文自書）の緩和方策として考えられる例

1　遺言書本文（全て自書しなければならないものとする）

遺　言　書

1　私は，私の所有する別紙目録第1記載の不動産を，長男甲野一郎
　（昭和○年○月○日生）に相続させる。

2　私は，私の所有する別紙目録第2記載の預貯金を，次男甲野次郎
　（昭和○年○月○日生）に相続させる。

3　私は，上記1及び2の財産以外の預貯金，有価証券その他一切の
　財産を，妻甲野花子（昭和○年○月○日生）に相続させる。

4　私は，この遺言の遺言執行者として，次の者を指定する。
　　住　　所　　○○県○○市○○町○丁目○番地○
　　職　　業　　弁護士
　　氏　　名　　丙山　太郎
　　生年月日　　昭和○年○月○日

　　平成28年4月12日

　　　　住所　東京都千代田区霞が関1丁目1番1号

　　　　　　　　甲　野　太　郎　㊞

2 別紙目録（署名部分以外は自書でなくてもよいものとする）

物 件 等 目 録

第1 不動産
　1 土地
　　所　　在　〇〇市〇〇区〇〇町〇丁目
　　地　　番　〇番〇
　　地　　積　〇〇平方メートル
　2 建物
　　所　　在　〇〇市〇〇区〇〇町〇丁目〇番地〇
　　家屋番号　〇番〇
　　種　　類　居宅
　　構　　造　木造瓦葺2階建
　　床 面 積　1階　〇〇平方メートル
　　　　　　　2階　〇〇平方メートル
　3 区分所有権
　　1棟の建物の表示
　　　所　　在　〇〇市〇〇区〇〇町〇丁目〇番地〇
　　　建物の名称　〇〇マンション
　　専有部分の建物の表示
　　　家 屋 番 号　〇〇市〇〇区〇〇町〇丁目〇番の〇〇
　　　建物の番号　〇〇
　　　床　面　積　〇階部分　〇〇平方メートル
　　敷地権の目的たる土地の表示
　　　土地の符号　1
　　　所在及び地番　〇〇市〇〇区〇〇町〇丁目〇番
　　　地　　目　宅地
　　　地　　積　〇〇平方メートル
　　敷地権の表示
　　　土 地 の 符 号　1
　　　敷地権の種類　所有権
　　　敷地権の割合　〇〇〇〇〇分の〇〇〇

第2 預貯金
　1 〇〇銀行〇〇支店　普通預金
　　口座番号　〇〇〇
　2 通常貯金
　　記　　号　〇〇〇
　　番　　号　〇〇〇

　　　　　　　　　　　　　　　　　甲　野　太　郎　㊞

（出所）　法制審議会民法（相続関係）部会第11回会議参考資料5

13 自筆証書遺言の保管制度 新設

新たに創設された「自筆証書遺言の保管制度」とはどのようなものですか

法務局が、遺言者の申請に基づいて、遺言書を保管する制度です。自筆証書遺言の作成後に遺言書が紛失したり、隠匿または変造されたりすることを防ぐことが目的です。相続人等は、相続開始後に法務局へ遺言書の保管の有無を照会し、遺言書の写しの交付等を求めることができます。保管されている遺言書については、検認は不要です。

● 解 ● 説 ●

■ 1 現行法における問題点 ■

【Q12】のとおり、遺言書には、①「遺言者自らが作成する自筆証書遺言」、②「公証人が作成する公正証書遺言」、③「公証人および証人の関与のもとに遺言者が遺言書に封をして遺言の内容を秘密にする秘密証書遺言」の3つの方式があります。

このうち、自筆証書遺言は、遺言者自身が作成できるという利便性がある一方で、作成後に遺言書が紛失したり、相続人によって隠匿または変造されたりするおそれがあります。そのため、別の遺言書の存在や、遺言書の偽造・変造等を理由に、自筆証書遺言の有効性をめぐる紛争も多いのが現状です。

そこで、これらの問題に対処するため、自筆証書遺言を確実に保管し、相続人がその存在を把握することができる制度として、自筆証書遺言の保管制度が創設されました。

2 相続開始前(遺言者の死亡前)の手続

(1) 保管の申請

　法務局における遺言書の保管等に関する法律(以下、「保管法」といいます)によれば、自筆証書遺言を作成した遺言者は、法務大臣の指定する法務局のうち、遺言者の住所地もしくは本籍地または遺言者が所有する不動産の所在地を管轄する法務局に遺言書保管の申請を行うことができます(同法4条)。この遺言書保管の申請は、遺言者が自ら法務局に出頭して行わなければならず、遺言者の推定相続人などの第三者は行うことができません。これは、遺言者以外の者による偽造等を防止するためです。

(2) 法務局による形式的な審査

　遺言者から遺言書保管の申請を受けた法務局の担当官は、自筆証書遺言の方式に明らかな誤りがないかを審査し、誤りがあれば補正を促し、誤りがな

図表3-2　遺言保管の申出

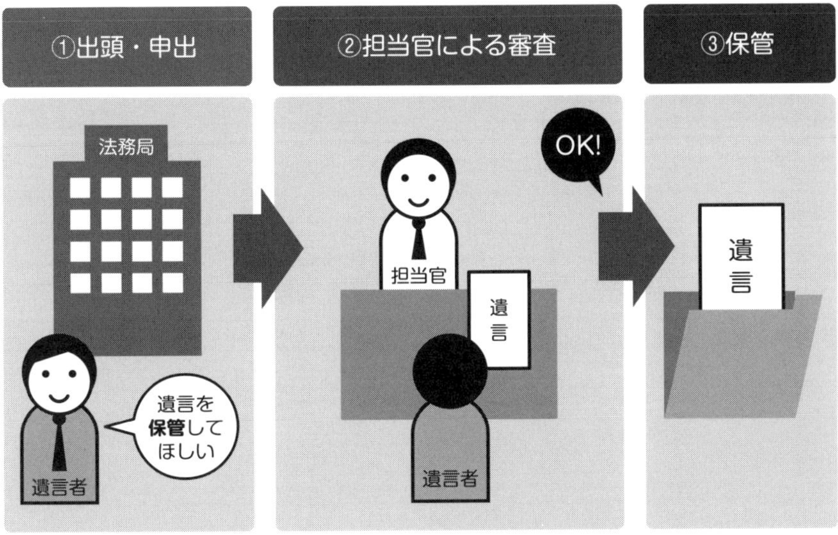

ければ遺言書保管の申請を受け入れることとされています。

　具体的に審査の対象となるのは、自筆証書遺言の方式のうち、日付および氏名の自書、押印、相続財産の目録（【Q12】参照）が自書以外の方法で記載された頁における署名および押印等、が想定されています。ただし、この法務局の担当官による審査は、遺言書の方式に誤りがないかという外形的な確認に限られているので、遺言書保管の申請が受け入れられたからといって、自筆証書遺言が必ずしも有効であると認められたわけではないという点に注意する必要があります。

　なお、日本法に基づいた前記の方式に適合する自筆証書遺言であることが確認できる限り、外国語による遺言も保管の対象とされる予定です。

■■ (3) 遺言書の保管 ■■

　遺言者による遺言書の保管の申請を受け入れた法務局は、自筆証書遺言の原本を保管します（保管法6条1項）。ただし、無封の遺言書に限られます（同法4条2項）。

　また、遺言書の内容は画像データにして保存されます（同法7条）。これは、大規模災害等により、遺言書の原本が滅失するおそれを考慮したものです。

■■ (4) 遺言者の権利 ■■

　遺言者は、遺言書の保管の申請により保管された自筆証書遺言について、遺言書の原本の閲覧を請求することができます（保管法6条2項）。遺言者本人が自ら作成した遺言書の内容を確認できるようにしておく必要があるからです。

　また、遺言者が遺言を撤回することができることに対応して、遺言者は、保管の申請を撤回して自筆証書遺言の原本の返還をいつでも求めることができます（同法8条）。

3 相続開始後(遺言者の死亡後)の手続

(1) 遺言書についての保管の有無の照会

誰でも、自己が相続人、受遺者および遺言執行者等(以下、「相続人等」といいます)に該当する遺言書が保管されているか否か、また、遺言書が保管されている場合には当該遺言書を保管している法務局の名称等を証明する書面(遺言書保管事実証明書)の交付を請求することができます(保管法10条)。

この段階では、他の相続人等への通知も行われません。

(2) 遺言書の閲覧および遺言書に係る画像情報等を証明した書面の交付

相続人等は、相続開始後に、保管された遺言書の閲覧および遺言書に係る

図表3-3 相続開始後の遺言書閲覧・証明書交付請求

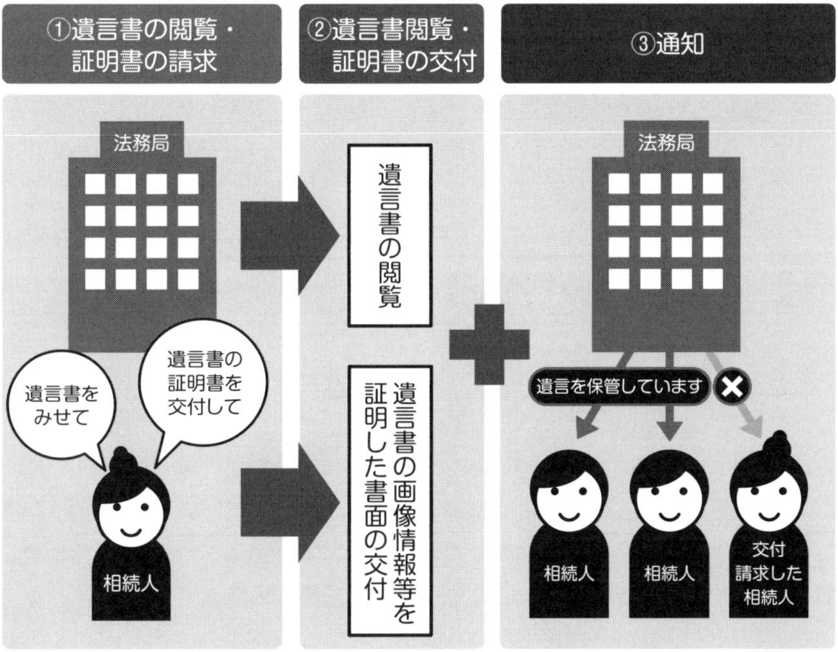

①遺言書の閲覧・証明書の請求	②遺言書閲覧・証明書の交付	③通知

画像情報等を証明した書面（遺言書情報証明書）の交付を請求することができます（保管法9条）。相続人等による隠匿等のおそれがあるため、原本の交付を求めることはできません。

　不動産登記や預貯金の払戻し等の手続は、遺言書に係る画像情報等を証明した書面によっても行われることとなります。

　なお、遺言書の閲覧または遺言書に係る画像情報等を証明した書面の請求がされた場合、相続人間の公平性や紛争防止の観点から、法務局より、当該請求を行った者以外の相続人等に対し、遺言書を保管している旨の通知がされることとなっています。そのため、これらの請求を行うにあたっては、相続人全員を特定する書面の提出が必要となる予定です。

■■ (3) 検認の省略 ■■

　現行法において、遺言書（公正証書遺言を除く）は、家庭裁判所に提出して検認の手続を経なければなりません。検認とは、遺言書の偽造等を防ぐための一種の検証手続であり、相続人に対し遺言の存在およびその内容を知らせるとともに、遺言の形状、日付、署名など、検認日時点の遺言書の状態を明らかにするものです。

　前記のとおり、遺言書の保管の際には、法務局において遺言書の内容を画像データにしたものの保存がなされることから、遺言書の状態の記録等をあらためて行う必要がないことを考慮し、検認は不要となりました（保管法11条）。

■ 4 実務上の対応 ■

　まず、遺言書の有無の確認が必要となる場面では、新しい保管制度のもとでは、法務局に保管されている自筆証書遺言が存在しないことを確認するため、遺言書の保管の有無に関する法務局への照会結果が記載された書面を提出してもらうことになると思われます。ただし、法務局で保管されている遺言書がないことが確認できたとしても、他で自筆証書遺言等が作成・保管されている可能性があることには注意する必要があります。

　次に、自筆証書遺言が提出される場合、現状は遺言書の原本と家庭裁判所

が作成する遺言検認調書または検認済証明書の提出を求めることが多かったと思われますが、新しい保管制度のもとでは、法務局が保管する自筆証書遺言については、原本ではなく、法務局の認証が付された証明書のみが提出されることとなります。法務局が保管する遺言書については検認が不要なため、遺言検認調書等を確認する必要はありません。なお、検認と同様、法務局による遺言書の保管も遺言の有効性を担保するものではありませんので、遺言の有効性の判断にあたっては別途留意が必要です。

14 遺贈の担保責任 明文化

Q 遺贈の目的とされた財産に瑕疵があった場合の、遺贈を実行する義務を負う者が負う責任について、どのような改正が行われましたか

A 改正法によって担保責任の意義が明らかになりました。遺贈を実行する義務を負う者（遺贈義務者）は、その物もしくは権利を相続開始時（その後に遺贈の目的である物または権利を特定すべき場合にあっては、その特定の時）の状態で引き渡し、または移転する義務を負います。ただし、これは、あくまでも遺言者の通常の意思が根拠とされていることから、遺言者が異なる意思を示したときは、その異なる意思に従って遺贈を実行する義務があります。

● 解 ● 説 ●

■ 1 現行法における問題点

■■ (1) 担保責任の意義 ■■

　まず、現行法における問題点を説明する前提として、担保責任とは何かを理解する必要があります。担保責任とは、売買契約等の有償契約において、契約の目的物を引き渡す義務を負う者（売買契約の売主等）が、その目的物を十全な状態で契約の相手方に移転することを担保する責任を負うことです。

　この担保責任の性質については、２つの考えに分かれていました。端的にいうと、１つは、契約に適合しない物を引き渡したという債務不履行責任を規定したという考えです（債務不履行責任説）。もう１つは、（たとえ瑕疵があったとしても）ある特定の物を引き渡したという意味においては、契約

は履行されているといえる以上、債務不履行責任とはいえないため、担保責任はあくまでも、民法が公平の観点から特別に認めた責任であるとする考えです（法定責任説）。

　裁判所がどちらの立場に立つのかは明確ではなく、この2つの考えは、対立する状態が長い間続いており、法的安定性に欠けるのではないかと指摘されていました。このようななか、平成29年6月2日に公布された民法を改正する法律（以下、「債権法改正」といいます）によって、立法的に解決されることとなりました。

■■ (2) 債権法改正による担保責任の内容 ■■

　債権法改正によって、担保責任の性質は、債務不履行責任であることが明確になりました。たとえば、売買契約において契約不適合により売主の担保責任が問題となる場合、担保責任の効果として、買主が売主に対して代替物の引渡請求権や目的物の不足分の引渡請求権、目的物の修補請求権、代金減額請求権を有することが明文化されました。また、担保責任が債務不履行責任であることから当然に認められる、解除や損害賠償といった債務不履行の一般的な規定が適用されることも、注意的に規定されています。

　また、遺贈と同様に無償行為である贈与契約の担保責任についても、売買契約等の有償契約における担保責任と同じように、贈与者は、契約に適合する物を引き渡す債務を負うという考えが前提とされ、その不履行に関しては追完請求や、債務不履行の一般原則である損害賠償や解除ができます。ただ、贈与は売買とは異なり無償行為であることから、当事者の意思としては、契約締結時における状態で移転をする義務を負うという、より軽減された内容の合意があることが通常であるとの考えから、贈与者は、目的物を「贈与の目的として特定した時の状態で引き渡し、又は移転することを約したものと推定する」とされました。

　以上を踏まえて、遺贈の担保責任についても見直しが行われることとなりました。

2 改正の概要

(1) 遺贈義務者の引渡義務の内容

　改正法において、遺贈義務者は、相続を開始した時（その後に遺贈の目的である物または権利を特定すべき場合、その特定の時）の状態でその物を引き渡し、または移転する義務を負うものとされました（改正民法998条）。これは、相続が開始した時の財産を遺贈の対象とすることが遺言者の通常の意思であると考えられることを前提としていて、前記の贈与の場合と同様に、当事者の通常の意思を前提としています。

　あくまでも遺言者の通常の意思が根拠とされていることから、遺言者が異なる意思を示したときは、その異なる意思に従うこととなります。

(2) 現行民法998条の削除

　現行民法998条は、不特定物を遺贈の目的物とした場合の担保責任を定めています。不特定物とは、「米10キロ」「金10キロ」というように、物の個性に着目せずに単に物の種類のみに着目した物をいいます。他方で、特定物についての担保責任の規定は置かれていません。

　しかし、前記のように、債権法改正により、遺贈と同様の無償行為である贈与も含めた担保責任については、いわゆる「債務不履行責任説」に立つことが明確にされました。債務不履行責任説は、目的物が不特定物であるか特定物（当事者が目的物の個性に着目した物）であるかを問わず担保責任を認める考え方です。また、債権法改正によって定められた担保責任の内容を、不特定物の遺贈についてのみ変える理由もないと考えられます。

　そこで、現行民法998条の規定は削除することとされています。

3 実務上の対応

　たとえば、信託銀行が遺言信託において遺言執行者となる場合には、遺贈義務者として、遺贈の担保責任の履行を求められることが想定されます。前

記のとおり、改正法において、遺贈の担保責任の内容が明確化されていますので、改正後は、その内容に沿って、担保責任の有無を検討することとなります。

　担保責任の内容について、遺言者が遺言で法律の原則と異なる意思を示したときは、その異なる意思に従うこととなるという例外があります。この遺言者の「意思」は、遺言の文言から常に明確であるとは限らないため、慎重に判断する必要があると思われます。

15 遺言執行者の権限 明文化 新設

遺言執行者の権限に関する規定について、どのような改正が行われましたか

改正により、①遺言執行者は、遺言の内容を実現するため、相続財産の管理その他遺言の執行に必要な一切の行為をする権利義務を有すること（改正民法1012条1項）、および②遺言執行者がその権限内において遺言執行者であることを示してした行為は、相続人に対して直接にその効力を生じること（改正民法1015条）が明記されました。
あわせて、遺言執行者がその任務を開始したときは、遅滞なく、遺言の内容を相続人に通知しなければならないとされました（改正民法1007条2項）。

● 解 ● 説 ●

■ 1 現行法における問題点

遺言の内容の実現は、本来、遺言者の権利義務の承継人である相続人がすべきものですが、遺言の内容によっては、相続人との利害対立、相続人間の意見の不一致、一部の相続人の非協力などによって、公正な執行が期待できない場合があります。遺言執行者制度の趣旨は、このような場合に、遺言の執行を遺言執行者に委ねることにより、遺言の適正かつ迅速な執行の実現を可能とすることにあります。

このような趣旨に照らすと、遺言執行者は、遺言者の意思を実現することを責務とする者であって、本来は、遺言者の代理人としての立場にあるといえます。したがって、遺言執行者は、必ずしも破産管財人のように中立的な立場において職務を遂行することが期待されているわけではありません。た

とえば、遺留分減殺請求がされた場合のように、遺言者の意思と相続人の利益が対立する場面でも、遺言執行者としては、あくまでも遺言者の意思を実現するために職務を行えば足りるものと考えられます。もしそれを阻止する必要がある場合には、阻止しようとする相続人がそのための措置を講ずる必要があるものと考えられます。

　この点、現行法上、遺言執行者の法的地位については、「相続人の代理人とみなす」とする規定（民法1015条）があるのみです。これは、遺言の効力が生じた時点では遺言者がすでに死者となっているために、遺言執行者を、被相続人の法的地位を包括的に承継した「相続人」の代理人とみなしているものと考えられます。

　しかし、遺言執行者の法的地位が必ずしも条文上明確になっていないために、遺言者の意思と相続人の利益が対立する場合に、遺言執行者と相続人の間でトラブルが生じることがあるとの指摘がされていました。また、遺言執行者がいる場合に、遺言執行者と相続人のいずれに訴訟における当事者適格が認められるかが争われた裁判例が多数存在しますが（最高裁昭和31年9月18日判決など）、このような紛争が生じるのも、遺言執行者の法的地位やその権限の内容が条文上明確になっていないことがその一因であるとの指摘もされていました。

　そこで、改正法では、遺言執行者の法的地位および一般的な権限が明確にされました。

2　改正の概要

(1) 遺言執行者の権限の明確化

　第1に、改正法は、民法1012条1項の規定に「遺言の内容を実現するため、」という文言を加えて、「遺言執行者は、遺言の内容を実現するため、相続財産の管理その他遺言の執行に必要な一切の行為をする権利義務を有する」という文言に変更しました。

　これは、遺言執行者の法的地位を明確にする観点から、遺言の内容を実現することを遺言執行者の責務とするもので、必ずしも相続人の利益のために

職務を行うものではないことを明らかにするものです（最高裁昭和30年5月10日判決参照）。これによって、遺留分減殺請求がなされた場合など、遺言者の意思と相続人の利益が対立する場面でも、遺言執行者はあくまでも遺言者の意思に従って職務を行えばよいことが明確になりました。

■■ (2) 遺言執行者による法律行為の効果 ■■

第2に、改正法は、前記の遺言執行者の法的地位に照らし、現行の民法1015条の「遺言執行者は、相続人の代理人とみなす」という文言の実質的な意味を明らかにするため、同条を、「遺言執行者がその権限内において遺言執行者であることを示してした行為は、相続人に対して直接にその効力を生ずる」との文言に改めました。

■■ (3) 相続人への通知義務 ■■

第3に、改正法は、遺言執行者がその任務を開始したときは、相続人に対し、遅滞なく遺言の内容を通知しなければならないとしました（改正民法1007条2項）。

遺言の内容の実現は、遺言執行者がいる場合には遺言執行者がすべきこととなり、相続人は、相続財産の処分など遺言の執行を妨げる行為をすることができません（民法1013条1項）。そのため、相続人は、遺言の内容および遺言執行者の有無について重大な利害関係を有しているといえます。しかし、現行法上、遺言執行者がいる場合に、相続人がこれを知る手段が確保されていなかったため、改正法は、新たにこのような規定を設けました。

3 実務上の対応

前記2(1)および(2)は、従前の判例・通説における取扱いを明文化したものといえ、金融機関における実務に特段影響を与えるものではないと考えられます。

他方、2(3)の相続人への通知義務については、金融機関が遺言執行者の存否を確認する手段として、①遺言の提示を受けて遺言執行者の選任の有無を確認する、②家庭裁判所における選任の有無を窓口に来た者に確認すると

いった従来の方法に加えて、③相続人に対する通知の有無を確認する方法が加わることになるものと思われます。

16 特定遺贈・相続させる旨の遺言と遺言執行者の権限 明文化

Q 預貯金債権について、①「特定遺贈」がされた場合、②いわゆる「相続させる旨の遺言（特定財産承継遺言）」がされた場合の遺言執行者の権限について、どのような改正が行われましたか

A 改正により、特定遺贈・相続させる旨の遺言についての遺言執行者の権限内容が明文化されました。少なくとも②の場合には、遺言執行者は、当該預貯金債権の払戻請求（預貯金債権の全部が遺言の目的である場合は預貯金契約の解約）をする権限を有します（改正民法1014条2項・3項）。なお、改正法では、いわゆる「相続させる旨の遺言」を「特定財産承継遺言」と呼ぶことになりました。

● 解 ● 説 ●

1 現行法における問題点

現行法上、遺言執行者は、遺言の執行に必要な一切の行為をする権限を有するとされています（民法1012条1項）。そのため、遺言執行者の権限の内容は遺言の内容によることとなりますが、遺言の記載内容だけでは、遺言者が遺言執行者にどこまでの権限を付与する趣旨であったのか、その意思が必ずしも明確でない場合も多く、そのために、遺言執行者の権限の内容をめぐって争いになることがあります。

そこで、改正法は、被相続人による財産の処分として実務上しばしば用いられる「遺贈（特定遺贈）」およびいわゆる「相続させる旨の遺言」について、遺言執行者の原則的な権限の内容を明らかにしました。

なお、いわゆる「相続させる旨の遺言」がされた場合の相続財産の帰属について、判例は、当該相続財産を当該相続人に単独で相続させる遺産分割方

法が指定されたものと解すべきであり、特段の事情のない限り、何らの行為を要せずして、被相続人の死亡時に直ちに当該相続財産が当該相続人に承継されるとしています（最高裁平成3年4月19日判決）。これを踏まえ、改正法では、いわゆる「相続させる旨の遺言」を、「特定財産承継遺言（遺産の分割の方法の指定として、遺産に属する特定の財産を共同相続人の一人または数人に承継させる旨の遺言）」と呼称しています（改正民法1014条2項）。

2 改正の概要

(1) 特定遺贈がされた場合

【Q15】で述べた遺言執行者制度の趣旨に照らすと、遺言の内容が遺贈である場合には、遺言執行者の権限の範囲は、遺贈の履行をするのに必要な行為全般に及ぶものと考えられます。また、判例は、特定遺贈において遺言執行者がいる場合、遺贈義務の履行請求訴訟の被告適格を有する者は遺言執行者に限られるとしています（最高裁昭和43年5月31日判決）。そこで改正法は、これらの点を踏まえ、遺言執行者がある場合には、遺贈の履行は、遺言執行者のみが行うことができるとしました（改正民法1012条2項）。具体的な遺言執行者の権限の内容は特に明記されておらず、遺贈義務者が負う履行義務の内容によって定まるものと考えられます。

なお、(2)で述べるように、今回の改正は預貯金債権の遺贈についての現在の実務を変更する趣旨ではないと考えられることからすれば、預貯金債権の特定遺贈がなされた場合の遺言執行者が、遺贈の履行として、預貯金債権の払戻請求や預貯金契約の解約の申入れをする権限を有するかどうかは、引き続き解釈に委ねられていると考えられます。

(2) 特定財産承継遺言（相続させる旨の遺言）がされた場合

改正法は、遺言者が特定財産承継遺言（相続させる旨の遺言）をした場合において、遺言執行者があるときは、遺言執行者は、その共同相続人が改正民法899条の2第1項に規定する対抗要件（【Q22】参照）を備えるために

必要な行為をすることができるとしました（改正民法1014条2項）。

ところで、現在の銀行などの金融機関の実務では、遺言執行者が預貯金の解約やその払戻しを求めてきた場合、これに応じている金融機関が多く、預貯金債権について特定遺贈や特定財産承継遺言がされた場合に、受遺者等に名義変更をしたうえで、その預貯金口座を維持する取扱いはほとんどされていないといわれています。これは、受遺者等に当該預貯金債権の対抗要件を具備させたうえで、受遺者等に自ら預貯金債権を行使させるよりは、遺言執行者に預貯金債権の払戻権限を認め、遺言執行者に引き出した預貯金の分配まで委ねる方が手続として簡便であり、また、遺言者の通常の意思に合致する場合が多いと考えられるためです。

このような考え方に基づいて、改正法は、特定財産承継遺言がされた場合に遺言執行者が「対抗要件を備えるために必要な行為をすることができる」と定める前記の一般的規律が現行の実務を否定するものではないことを明らかにするため、預貯金債権について特定財産承継遺言がされた場合、遺言執行者は、当該預貯金の払戻しの請求および当該預貯金に係る契約の解約の申入れをすることができるとしました（改正民法1014条3項）。

もっとも、預貯金債権の「一部」についてのみ特定財産承継遺言がなされた場合にも預貯金契約の「全部」を解約することができるとすると、遺言執行者に遺言の執行に必要な権限を超えて、相続財産の処分権限を認めることにもなりえます。また、遺言執行者の職務は、相続の開始後比較的短期間のうちに遂行可能なものが想定されているのが通常ですが、仮に遺産分割の対象となる預貯金債権についても解約権限を認めると、遺言執行者は、解約により取得した預貯金（現金）を遺産分割が終了するまで保管すべき義務を負うこととなり相当でないとも考えられます。

これらの理由により、改正法は、遺言執行者に預貯金契約の解約権限が付与されるのは、預貯金債権の「全部」について特定財産承継遺言がされた場合に限られるとしています（改正民法1014条3項ただし書）。

■■ (3) 遺言者が別段の意思を表示した場合の例外 ■■

前記(2)は、遺言執行者の権限に関する原則的なルールを定めたものにすぎず、改正法は、遺言において遺言者が別段の意思を表示した場合には、その

意思の内容に従うこととしました（改正民法1014条4項）。

なお、前記(1)については、このような遺言者の意思表示による例外の規定は設けられていません。

3 実務上の対応

以上により、預貯金債権について特定財産承継遺言がされた場合、遺言執行者は、当該預貯金債権の払戻請求（預貯金債権の全部が遺言の目的である場合は預貯金契約の解約）をする権限を有することになります。

したがって、金融機関は、特定財産承継遺言があったとして遺言執行者から預貯金の払戻請求や解約の申入れがあった場合、遺言の内容および当該遺言執行者が遺言執行者として選任されていることを遺言書等によって確認のうえ、払戻し・解約に応じることになると考えられます。

他方、預貯金債権の特定遺贈がなされた場合に遺言執行者に払戻請求や解約申入れの権限が認められるかどうかは、引き続き解釈に委ねられるものと考えられるため、この点については、今後の実務の動向を見守る必要があるものと思われます。

17 遺言執行者の復任権 変更

Q 遺言執行者が第三者にその任務を行わせる復任権について、どのような改正が行われましたか

A 改正法では、遺言執行者の復任権の行使要件が緩和され、遺言執行者は、原則として、自己の責任で第三者にその任務を行わせることができるとされました（改正民法1016条１項）。もっとも、第三者にその任務を行わせた遺言執行者は、当該第三者の行為について責任を負うことになります。ただし、第三者の選任についてやむを得ない事由（たとえば、疾病や長期不在など）があるときは、遺言執行者は、当該第三者の選任および監督について過失がある場合にのみ、相続人に対する責任を負うことになります（改正民法1016条２項）。

● 解 ● 説 ●

1 現行法における問題点

(1) 実務上の不都合

　現行法上、遺言執行者は、遺言者がその遺言に反対の意思を表示した場合を除き、疾病や長期不在といった「やむを得ない事由」がなければ第三者にその任務を行わせることができません（民法1016条）。遺言執行者の職務内容は、被相続人の意思（遺言）により決まっており、その選任も被相続人との高度の信頼関係に基づいてなされる点で、一身専属的な職務であることがその理由といわれています。

　しかし、一般に、遺言で遺言執行者が指定される場合、相続人など、必ずしも十分な法律知識を有していない者が指定されることも多く、遺言執行者

の職務が広範に及ぶ場合や難しい法律問題を含むような場合には、その遺言執行者で適切に遺言を執行することが困難なことも想定されます。そのため、遺言執行者の復任権の行使要件を緩和すべきであるとの指摘がされていました。

■■ (2) 他の法定代理人との比較 ■■

　遺言執行者は、一般に、法定代理人であると解されており、法定代理人は、自己の責任において復代理人を選任することができます（民法106条）。これは、①法定代理人の職務は広範に及ぶため単独では処理できない場合も多いこと、②法定代理人については自由に辞任することが認められていないこと、③法定代理人が選任される場合の本人は制限行為能力者・不在者など、復代理について許諾する能力に欠ける場合が多いこと等を考慮したものであるといわれています。これに対し、遺言執行者は、原則として、疾病や長期不在といった「やむを得ない事由」がなければ第三者にその任務を行わせることができないとされており（民法1016条）、法定代理人が復代理人を選任する場合よりも、復任権の行使が制限されています。

　しかし、遺言の内容によっては、遺言執行者の職務が非常に広範に及ぶこともありえます。また、遺言の執行を適切に行うためには相応の法律知識等が必要な場合があるなど、事案によっては弁護士等の法律専門家にこれを一任した方がよい場合もあります。さらに、遺言執行者は、実質的にはすでに死亡した遺言者の代理人として、その意思を実現することが任務とされていますが、その意味では、復代理を許諾すべき本人もいない状況にあるため、遺言執行者の復任権の行使要件は、任意代理人による復代理人選任の要件（民法104条）よりもさらに狭いといえます。

　そこで、改正法は、遺言執行者の復任権の行使要件を緩和しました。

■■ 2 改正の概要 ■■

　改正法は、遺言執行者に、他の法定代理人と同様の要件のもとで、復任権の行使を認めることにしました。

　すなわち、遺言執行者は、遺言者が遺言において別段の意思表示をした場

合を除き、自己の責任で第三者にその任務を行わせることができます（改正民法1016条1項）。そして、第三者にその任務を行わせた遺言執行者は、当該第三者の行為について責任を負いますが、第三者の選任についてやむを得ない事由（たとえば、疾病や長期不在など）がある場合は、当該第三者の選任および監督について過失がある場合にのみ、相続人に対する責任を負うこととされました（改正民法1016条2項）。

3 実務上の対応

　遺言執行者は、原則として自己の責任で第三者にその任務を行わせることができますが、遺言者が遺言で別段の意思表示をした場合には、その意思の内容に従う必要があります（改正民法1016条1項ただし書）。

　したがって、金融機関は、遺言執行者の代理人と称する者が窓口で手続を行おうとする場合には、その遺言執行者が遺言執行者として選任されていること、およびその手続を行う権限を有していることのほか、遺言執行者の復任権についての別段の定めの有無を遺言書等によって確認する必要があります。

　また、遺言書等に復任権の行使を制限する定めがなければ、遺言執行者は代理人を選任する権限を有しますが、窓口に来た代理人が実際にその遺言執行者から委任を受けていることについて、委任状や代理人の身分証明書の提示を求めたり、遺言執行者への問合せを行うなどの方法により、確認する必要があります。

第4章

遺留分減殺制度

18 遺留分減殺請求権の効力 変更

遺贈や贈与によって遺留分を侵害された者は、受遺者または受贈者に対して、どのような権利を主張できるようになりますか

遺留分権利者およびその承継人は、遺留分権を行使することにより、受遺者等に対し、遺留分侵害額に相当する金銭の支払を請求することができます（改正民法1046条1項）。したがって、遺留分減殺請求権の行使による物権的効果は廃止されます。遺留分権利者が遺留分権を行使すると、行使者は、受遺者等に対する遺留分侵害額相当額の金銭債権を取得します。この権利は「遺留分侵害額請求権」と呼ばれます。他方、遺留分侵害額請求権の行使を受けた受遺者等は、裁判所に請求することにより、遺留分侵害額請求権の行使を受けた結果負担することとなる債務の全部または一部の支払について、相当の期限の許与を受けることができる場合があります（改正民法1047条5項）。

● 解 ● 説 ●

1 現行法における問題点

現行法では、遺贈や贈与（以下、「遺贈等」といいます）によって遺留分を侵害された者（以下、「遺留分権利者」といいます）は、遺留分減殺請求権を行使することができます。この権利が行使されると、その対象とされた遺贈等は、遺留分減殺請求権の行使者の遺留分を侵害する限度で失効し、その限度で、遺贈等の目的財産についての権利が遺留分権利者に帰属します。これを「物権的効果」といいます。

そして、遺留分減殺請求権を行使された受遺者または受贈者（以下、「受遺者等」といいます）は、遺留分権利者に対し、遺贈等に係る現物を返還する

か、現物の返還に代えて遺留分侵害額の価額弁償をするかの選択をすることとされ（民法1041条）、受遺者等が価額弁償を選択しない限りは、遺留分権利者の側から積極的に価額弁償の請求をすることはできないとされています。

しかし、遺留分減殺請求権の行使により、物権的効果を生じさせると、目的財産が受遺者等と遺留分権利者の共有となる場合が多く、共有となった物の処分が困難となり、共有関係の解消にあたって新たな紛争が生じる可能性があります。また、遺留分減殺請求権の役割は、最低限の相続分の確保やそれによる遺留分権利者の生活保障などであって、この役割を果たすためには、必ずしも物権的効果を発生させる必要はなく、遺留分権利者に遺留分侵害額に相当する価値を返還させること（価額弁償）で十分ではないかと指摘されていました。

そこで、改正法では、遺留分減殺請求権の行使によって物権的効果が発生するという現行法の規律を改めています。

2 改正の概要

(1) 遺留分権の行使による金銭債権の発生

改正法では、遺留分権利者およびその承継人は、遺留分権を行使することにより、受遺者等に対し、遺留分侵害額に相当する金銭の支払を請求することができます（改正民法1046条1項）。遺贈等を失効させるのではなく、遺留分権の行使により、具体的な金銭請求権が発生するのです。これに伴い、権利の名称が、「遺留分減殺請求権」から、「遺留分侵害額請求権」に改められます。

なお、ここでいう「受遺者」には、遺産分割方法の指定のうち、遺産に属する特定の財産を相続人の一人または数人に承継させることを定めたもの（特定財産承継遺言。いわゆる「相続させる旨の遺言」を指します）や、相続分の指定を受けた相続人を含むことが明記されます（同項かっこ書き）。これは、現行法における同様の解釈を明文化するものです。

前記の金銭債権は、単純な金銭債権であり、通常の債権と同様の時効期間

に服し、また、差押え等の対象となります。

(2) 受遺者等の負担

　遺留分侵害額請求権の行使を受けた受遺者等は、遺留分権利者に対して金銭債務を負担することとなります。受遺者等が複数いる場合の負担の順序および割合については、現行法における考え方がそのまま維持されます。すなわち、①受遺者と受贈者がいる場合は、受遺者が先に負担し、受贈者は後にされた贈与の受贈者から順に負担します。②受遺者が複数いるとき、または受贈者が複数いる場合でその贈与が同時にされたものであるときは、受遺者間、受贈者間で、遺贈の目的価額の割合に応じて負担します（改正民法1047条1項各号。②については、遺言者が別段の意思表示をした場合、その意思に従うこととなります（同項2号ただし書））。

(3) 受遺者等の保護

　改正法では、受遺者等が請求することにより、遺留分侵害額請求権の行使を受けたことによって負担することとなる債務の全部または一部の支払について、裁判所は、相当の期限を許与することができます（改正民法1047条5項）。

　遺留分侵害額請求権の行使を受けた場合、受遺者等は、これにより負担する金銭債務を弁済する必要に迫られますが、弁済の原資となる金銭を直ちに準備できない受遺者等が発生することも想定されます。そこで、遺留分侵害額請求権が行使された結果、受遺者等が負担した金銭債務を履行しないことを一定期間正当化し、受遺者等の保護を図る必要があります。これを実現するための制度が、裁判所による期限の許与の制度です。

図表4-1 遺留分侵害額請求権

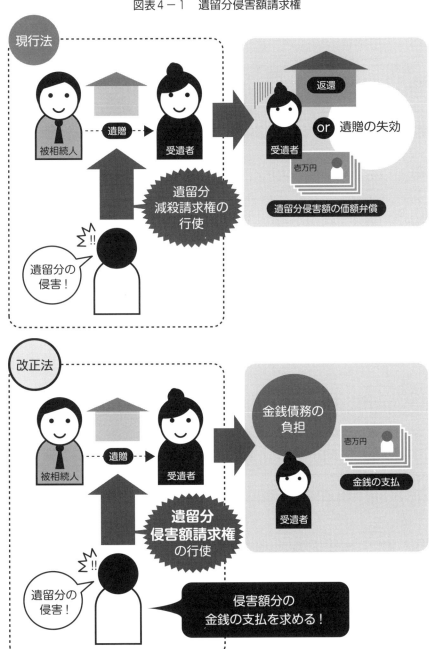

3 実務上の対応

　現行法では、預貯金債権に関して遺留分減殺請求権が行使されると、預貯金債権は、遺留分権利者の遺留分を侵害する限度で失効し、その限度で、預貯金債権が遺留分権利者に帰属します。そのため、従前の実務では、遺言に基づいて預貯金の相続手続に来た顧客に対して遺留分減殺請求権が行使されていないことの確認をしたり、遺留分減殺請求権が行使されたという情報を把握した場合には、事実関係の確認に努めるなどの対応を行っていたものと思われます。

　他方、新しい遺留分侵害額請求権のもとでは、受遺者等は遺留分権利者に対して金銭債務を負担するのみであり、権利が行使されても遺贈等は失効せず、預貯金債権の帰属に影響は生じません。

19 遺留分の算定方法(1) 変更

①相続人に対する生前贈与、②負担付贈与、または③不相当な対価による有償行為がされた場合の遺留分の算定は、どのように変わりますか

① 「相続人に対する生前贈与」については、特別受益に該当する贈与で、かつ、原則として相続開始前10年間にされたものが、遺留分を算定するための財産の価額に算入されます（改正民法1044条1項前段、同条3項）。

② 「負担付贈与」については、その目的の価額から負担の価額を控除した額が、遺留分を算定するための財産の価額に算入されます（改正民法1045条1項）。

③ 「不相当な対価による有償行為」については、それが遺留分権利者に損害を与えることを当事者双方が知っていた場合に、目的の価額から対価を控除した額が、遺留分を算定するための財産の価額に算入されます（改正民法1045条2項）。

●解●説●

■ 1 現行法における問題点 ■

■■ (1) 遺留分額の計算における贈与の取扱い ■■

現行民法は、1029条1項において、「遺留分は、被相続人が相続開始の時において有した財産の価額にその贈与した財産の価額を加えた額から債務の全額を控除して、これを算定する」とし、1030条において、「贈与は、相続開始前の一年間にしたものに限り、前条の規定によりその価額を算入す

る」と規定し、相続開始前1年間にされた生前贈与の価額を遺留分算定の基礎となる財産に含めることとしています。この点、判例（最高裁平成10年3月24日判決）および実務は、1030条の規定は相続人以外の第三者に対して贈与がなされた場合に適用されるものであり、相続人に対して生前贈与がなされた場合には、民法1044条が同法903条を準用していることを根拠として、生前贈与の時期を問わず、原則としてそのすべてが遺留分算定の基礎となる財産の価額に算入されるとの考え方に立っているものと解されています。

しかし、このような考え方によると、被相続人が相続開始時の何十年も前に相続人に対して行った贈与の存在により、遺留分算定の基礎となる財産の価額が変動し、その結果として、第三者である受遺者または受贈者が受ける減殺の範囲も大きく変動することとなり、法的安定性を害するおそれがあります。

また、民法1030条の趣旨は、遺留分制度によって遺留分権利者に一定の財産を確保するのが許容されるのは、相続財産が債務超過の状態にない場合に限られるとの考えを前提に、遺留分制度の潜脱防止の観点から、相続開始時に近接してなされた贈与等については例外的に相続開始時の財産とみなして遺留分算定の基礎となる財産に含む点にあると解されます。しかし、生前贈与が相続人に対してなされたことを理由に、これを無限定に遺留分算定の基礎となる財産に算入することとすると、相続開始時の財産が債務超過の場合であっても、遺留分の算定との関係では容易に資産超過の状態に変わりうることとなり、同条の趣旨を没却するのではないかとも指摘されています。

■■ (2) 負担付贈与の取扱い ■■

現行法では、負担付贈与がなされた場合、その目的財産の価額から負担の価額を控除したものについて減殺を請求することができるとされています（民法1038条）。

もっとも、この規定が、遺留分算定の基礎となる財産額の算定についても同様の取扱いをする趣旨なのか（一部算入説）、それとも、遺留分算定の基礎となる財産の額を算定する際には目的財産の価額を全額算入しつつ、減殺の対象を前記控除後の残額に限定する趣旨なのか（全額算入説）については学

説上の争いがあります。

■■ (3) 不相当な対価による有償行為の取扱い ■■

　不相当な対価による有償行為がされた場合（たとえば、被相続人が不動産を不当に安い対価で売却した場合）、現行民法1039条は、当事者双方が遺留分権利者に損害を加えるものであると知ってされたものに限り、これを贈与とみなすこととし、この場合、遺留分権利者は当該対価を償還しなければならないと規定しています。そしてこれは、一般に、遺留分の算定の基礎となる財産の額を算定する際には、対価を控除した残額部分が加算されるとしつつ、減殺の対象となるのはその全額とされ、その代わりに遺留分権利者は対価を償還する必要があると解されています。

　もっとも、遺留分権利者に本来権利行使できる価額を超えて減殺を認める必要性は乏しいと考えられます。また、本改正により遺留分権の行使の効果を金銭債権の発生とするとされていることとの関係では、目的財産全部に対する減殺を認めつつ対価を償還させるというスキームは合理性に欠けます。

■■ 2　改正の概要 ■■

■■ (1) 生前贈与に関する規律の見直し ■■

　改正法では、相続人に対する生前贈与について、特別受益に該当する贈与であって、かつ相続開始前の10年間にされたものに限り、その価額を遺留分を算定するための財産の価額に算入することとしています（改正民法1044条1項前段、同条3項）。ただし、当事者双方が遺留分権利者に損害を加えることを知ってした贈与については、それ以前にされたものであっても、遺留分を算定するための財産の価額に算入されます（改正民法1044条1項後段）。

　なお、相続人以外の者に対する生前贈与については従前と同様です（原則として相続開始前1年以内のものに限り算入。ただし、遺留分権利者に損害を加えることを知ってした贈与については、それ以前のものも算入（改正民法1044条1項））。

■■ (2) 負担付贈与に関する規律の見直し ■■

　改正法では、負担付贈与がされた場合には、その目的の価額から負担の価額を控除した額を、遺留分を算定するための財産の価額に算入することとしています（改正民法1045条1項）。すなわち、前記の一部算入説を採用しています。

　そのうえで、遺留分減殺請求権の効力の見直し（【Q18】参照）に伴い、この考え方を、遺留分侵害額請求権が行使された場合における受遺者または受贈者の負担額の算定にも準用することとしています（改正民法1047条2項）。

■■ (3) 不相当な対価による有償行為に関する規律の見直し ■■

　改正法では、不相当な対価による有償行為がされた場合には、それが遺留分を侵害するものであることを行為当事者双方が知っていた場合に限って贈与とみなされ、対価を控除した残額が、遺留分を算定するための財産の価額に算入されることとしています（改正民法1045条2項）。この点は、現行法

図表4－2　遺留分算定の基礎となる財産（相続人の特別受益となる生前贈与）

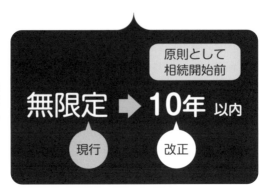

相続人に対する生前贈与は無限定に算定基礎財産に入る。

原則として、相続開始前10年以内の生前贈与のみが算定基礎財産に入ることとなった。

における解釈を明文化するものといえます。

　そのうえで、遺留分減殺請求権の効力の見直し（【Q18】参照）に伴い、この考え方を、遺留分侵害額請求権が行使された場合における受遺者または受贈者の負担額の算定にも準用することとしています（改正民法1047条2項）。すなわち、有償行為の目的の価額全額ではなく、そこから対価を控除した額のみが、遺留分侵害額に相当する金銭債務の負担額（同【Q18】参照）の算定に用いられることとなります。

3　実務上の対応

　これらの規律の見直しは、遺留分算定の基礎となる財産の価額についてのルールの見直しであり、算出される遺留分侵害額が従前と異なる場合も考えられます。

　これらは、遺留分権利者が取得することとなる遺留分侵害額相当額の金銭債権の額を算出する基礎となるもので、金融機関の実務に対する影響は限定的であるといえそうです。

20 遺留分の算定方法(2) 明文化

遺産分割の対象となる財産がある場合の遺留分侵害額の計算方法について、どのような改正が行われましたか

遺留分侵害額を求める計算方法が明文化されます。
遺産分割の対象財産がある場合、遺留分侵害額を算定するときは、遺留分から、遺留分権利者の具体的相続分に応じて遺産を取得したものとした場合の当該遺産の価額を控除します(改正民法1046条2項)。すでに遺産分割が終了している場合においても同様です。ただし、ここでの具体的相続分には、寄与分による修正は考慮されません。

● 解 ● 説 ●

■1 現行法における問題点

現行法において、遺留分侵害額の計算は以下のとおりとされています。

> 遺留分侵害額
> = 遺留分を算定するための財産の価額
>   × 総体的遺留分率(民法1028条の遺留分の割合)
>   × 遺留分権利者の法定相続分
>   − 遺留分権利者の特別受益の額
>   − 遺留分権利者が相続によって得た積極財産の額
>   + 遺留分権利者が相続によって負担する債務の額

もっとも、未分割の遺産がある場合に「遺留分権利者が相続によって得た積極財産の額」をどのように算定すべきかについて、法定相続分を前提に算

定すべきとする考え方（法定相続分説）と、具体的相続分（ただし寄与分による修正は考慮しない）を前提に算定すべきとする考え方（具体的相続分説）で見解が分かれています。

また、遺留分侵害額算定時においてすでに遺産分割が終了している場合の算定方法についても、実際に行われた遺産分割の結果を前提として算定すべきとする考え方と、未分割の遺産がある場合と同様の算定方法によるべきという考え方に分かれています。

そこで、遺留分侵害額の算定方法を明確化するために、これらの考え方の対立を、法改正により立法的に解決することとされました。

2 改正の概要

(1) 具体的相続分説の採用

改正法では、遺産分割の対象となる財産がある場合（すでに遺産分割が終了している場合を含む）に遺留分侵害額の算定をするにあたり、遺留分から改正民法900条から902条まで、903条および904条の規定により算定した遺留分権利者の相続分（具体的相続分）に応じて遺産を取得したものとした場合の当該遺産の価額を控除するものとされています（改正民法1046条2項）。これは、遺産分割の対象となる財産がある場合の遺留分侵害額の算定について、遺産分割が終了しているか否かに関係なく、前記の具体的相続分説を採用することを明らかにするものです。

具体的相続分説が採用されたのは、遺留分の侵害が問題となる事案で、多額の特別受益が存する場合が多いにもかかわらず、「相続によって得た積極財産の額」を算定する際に特別受益の存在を考慮しない法定相続分説を採用すると、特別受益の存在を考慮した具体的相続分に基づいてその後に行われる遺産分割の結果との齟齬が大きくなり、事案によっては、遺贈を受けている相続人が、遺贈を受けていない相続人よりも最終的な取得額が少ないという逆転現象が生じる場合があることなどが考慮されたためです。

次に、遺産分割が終了しているか否かに関係なく具体的相続分説が採用された理由としては、理論的な整合性と、未分割の場合との均衡があげられま

す。すなわち、遺留分侵害額請求権行使の効果は行使によって当然に生じ、かつ、その内容は相続開始時に存在する諸要因（相続開始時の積極・消極財産の額、特別受益の有無および額等）により定まると考えるべきで、遺産分割手続の進行状況いかんによって遺留分侵害額が変動し、これによって遺留分権利者に帰属した権利の内容が変動するというのは理論的にも説明が困難と考えられること、また、遺産が未分割の場合と既分割の場合で最終的な取得額が異なることは相当ではない、という理由です。

なお、具体的相続分を前提に算定することとしつつ、寄与分による修正を考慮しないこととしている理由としては、①寄与分は、寄与分権者が遺産に対する自己の実質的な持分を取得したものと評価することが可能で、被相続人の処分によって生じた特別受益とは性質が異なること、②遺留分侵害額請求権は当事者間に争いがあれば、通常の訴訟によって審理される権利であるのに対し、寄与分は家庭裁判所の審判によりはじめてその有無および額が決定されるものであり、権利の性質およびそれを実現するための手続が異なることがあげられています。

■■ (2) 計算方法の明文化 ■■

遺留分および遺留分侵害額の計算方法について、次のとおり明文化されます。

①遺留分（改正民法1042条）

```
遺留分
＝ 遺留分を算定するための財産の価額（改正民法1043条）
  × 総体的遺留分率（改正民法1042条1項の遺留分の割合）
  × 遺留分権利者の法定相続分（改正民法1042条2項）
```

②遺留分侵害額（改正民法1046条2項）

```
遺留分侵害額
＝ ①遺留分
  － 遺留分権利者が受けた特別受益（改正民法1046条2項1号）
```

－	遺産分割の対象財産がある場合（遺産分割が終了している場合も含む）には、具体的相続分に応じて取得すべき遺産の価額（ただし、寄与分による修正は考慮しない）（改正民法1046条2項2号）
＋	民法899条の規定により遺留分権利者が承継する相続債務の額（改正民法1046条2項3号）

3 実務上の対応

　これらの改正は、遺産分割の対象となる財産がある場合の遺留分侵害額の算定に関する計算ルールを明確化し、実務・学説における見解の対立を解消する趣旨のものです。遺留分侵害額請求権の行使により、遺留分権利者が取得することとなる遺留分侵害額相当額の金銭債権の額の算出に影響があります。

　基本的に、遺留分権利者と遺留分侵害者の二者間の問題となるため、この点に関する改正が金融実務に与える影響は限定的ではないかと思われます。

図表4－3　遺留分侵害額の算定

遺留分侵害額 ＝ 遺留分を算定するための財産の価額 × 遺留分の割合 × 法定相続分の割合 － 特別受益の額 － 具体的相続分に応じて取得すべき遺産の価額 ＋ 相続によって負う債務の額

（遺留分を算定するための財産の価額 × 遺留分の割合 × 法定相続分の割合 ＝ 遺留分）

具体例

被相続人が相続分を指定したケース

相続財産は預金1,200万円のみ

- 被相続人
- 妻（200万円）　指定相続分 $\frac{1}{6}$
- 長男（500万円）　指定相続分 $\frac{5}{12}$
- 次男（500万円）　指定相続分 $\frac{5}{12}$

※参考：遺留分の割合

・直系尊属のみ	$\frac{1}{3}$
・直系卑属のみ ・直系卑属と配偶者 ・直系尊属と配偶者 ・配偶者のみ	$\frac{1}{2}$

（1）遺留分の算定

① 妻 … $\frac{1}{2}$（遺留分） × $\frac{1}{2}$（法定相続分） ＝ $\frac{1}{4}$

相続財産 1,200万円 × $\frac{1}{4}$ ＝ 300万円

② 長男 … $\frac{1}{2}$ × $\frac{1}{2}$ × $\frac{1}{2}$ ＝ $\frac{1}{8}$
※次男も同様　（遺留分）　（法定相続分）

相続財産 1,200万円 × $\frac{1}{8}$ ＝ 150万円

（2）妻の遺留分侵害額

300万円 － 200万円 ＝ 100万円

妻は、長男と次男に対して各50万円請求することができる

21 遺留分侵害額の算定における債務の取扱い 新設

Q 遺留分権利者の負担する相続債務を受遺者等が弁済等により消滅させた場合、受遺者等は、遺留分侵害額請求権を行使した遺留分権利者に対し、どのような主張ができるようになりますか

A 改正により、遺留分侵害額請求権の行使を受けた受遺者または受贈者は、当該遺留分権利者の負担する相続債務について弁済、免責的債務引受などの債務を消滅させる行為をしたときは、その消滅した債務額の限度で、遺留分侵害額請求権の行使により負担した金銭債務の消滅を請求することができるようになります（改正民法1047条3項）。

● 解 ● 説 ●

1 現行法における問題点

現行法における遺留分侵害額の計算方法は、次のとおりです。

```
遺留分侵害額
 = 　遺留分を算定するための財産の価額　
   × 　総体的遺留分率（民法1028条の遺留分の割合）　
   × 　遺留分権利者の法定相続分　
   － 　遺留分権利者の特別受益の額　
   － 　遺留分権利者が相続によって得た積極財産の額　
   ＋ 　遺留分権利者が相続によって負担する債務の額　
```

現行法における遺留分侵害額の算定では、遺留分権利者が相続によって負担する相続債務の額を加算する取扱いがされています。これは、遺留分権利

者が相続債務を弁済した後にも、遺留分権利者に一定の財産が残るようにするためです。もっとも、遺留分権利者が取得する権利を受遺者または受贈者（以下、「受遺者等」といいます）に対する金銭債権とした場合（【Q18】参照）、相続債務額の加算は、その分だけ受遺者等が遺留分権利者に対して支払うべき金銭を増加させることとなります。すなわち、受遺者等が、遺留分権利者が負担する相続債務の弁済資金を事前に提供するのと同様の状態を生じさせることとなります。

　たとえば、被相続人が個人事業を営んでおり、事業に関連して債務を負担していたところ、被相続人の死亡に伴い受遺者等が当該事業を承継したという事例では、受遺者等が相続債務を負担する遺留分権利者による弁済を待たず、自ら弁済をする必要性のある場合も想定されます（受遺者等が連帯保証人となっている場合や、事業用不動産に担保が付されている場合など）。そのような場合に、受遺者等がその分の弁済をしたうえで遺留分権利者に求償するというのは非合理的です。また、このような受遺者等にとっては、遺留分権利者に弁済資金の前渡しをするくらいならば、むしろ期限の利益を放棄してでも相続債権者に直接弁済したいというニーズも考えられます。

　そこで、改正法では、遺留分権の行使により遺留分権利者が取得する権利を金銭債権とすることに伴い（【Q18】参照）、前記のような非合理的な方法をとらずに済み、また、相続債権者への直接弁済のニーズに応えるため、遺留分権の行使を受けた者による相続債務の消滅行為に関する規律が設けられました。

2 改正の概要

　改正法のもとでは、遺留分権利者から遺留分侵害額請求権の行使を受けた受遺者等が、当該遺留分権利者の負担する相続債務について、免責的債務引受、弁済その他の債務を消滅させる行為をした場合には、消滅させた相続債務の限度において、遺留分侵害額請求権の行使により受遺者等が負担することとなった金銭債務の消滅を請求することができます（改正民法1047条3項前段）。

　この場合、受遺者等の行った相続債務を消滅させる行為により、受遺者等

が遺留分権利者に対して取得した求償権は、前記の債務消滅請求により消滅した遺留分権利者に対する金銭債務の額の限度において、消滅します（改正民法1047条3項後段）。これは、前記の金銭債務の消滅請求をした後に求償権の行使を認めると、受遺者等が実質的に二重の利益を得ることになってしまうためです。

---

①遺留分侵害額請求権の行使
　⇒遺留分権利者が、受遺者等に対する遺留分侵害額相当額の金銭債権を取得
②受遺者等による、遺留分権利者が承継した相続債務について、弁済、免責的債務引受その他の債務を消滅させる行為
③受遺者等が、遺留分権利者に対し、消滅させた相続債務の限度で、遺留分侵害額請求権の行使の結果、受遺者等が負担することとなった金銭債務の消滅を請求
　⇒消滅させた相続債務の限度で、当該金銭債務が消滅し、受遺者等が遺留分権利者に対して取得した求償権がある場合には、これも消滅。

---

3 実務上の対応

　この改正は、相続債務のうち、遺留分権利者が承継した部分について、受遺者等が、これを消滅させる行為を行った場合に、その限度で受遺者等が遺留分権利者に対して負う遺留分侵害額相当額の金銭債務を消滅させることができるようにするものです。

　金融機関が生前の被相続人に対して貸付を行っていた場合において、受遺者等が他の相続人の負担する債務の弁済を申し出るケースなどが、今回の改正の適用場面として想定されます。しかし、今回の改正の内容は、このような場合の相続債権者に対する弁済の有効性に影響を与えるものではなく、金融機関としては、従前通りの対応を行えば足りるものと思われます。

第5章

相続の効力等

22 相続による権利の承継 変更

特定の遺産を特定の相続人に「相続させる」旨の遺言があった場合、これまでどおり、当該相続人は対抗要件を具備することなく、当該遺産に関する権利を他者に対抗できますか

判例上、「相続させる」旨の遺言による不動産の取得の場合は登記がなくても第三者に対抗できるとされていましたが、当該遺産が不動産または動産の場合、法定相続分を超える部分の取得については、民法177条または178条による対抗要件を備えなければ第三者に対抗できなくなります。
また、当該遺産が債権の場合、債務者に対して当該債権の取得を対抗するためには、①「共同相続人の全員が債務者に通知をしたこと」、②「当該債権を承継した相続人が、遺言の内容を明らかにして債務者に通知をしたこと」、③「債務者が承諾したこと」のうち、いずれかを行うことが必要です。また、当該債権の取得を第三者に対抗するためには①ないし③の通知または承諾を確定日付のある証書によって行うことが必要です。

● 解 ● 説 ●

■ 1 現行法における問題点

　判例上、「相続させる」趣旨の遺言による不動産の権利の取得については、登記なくして第三者に対抗することができるとされています（最高裁平成14年6月10日判決）。
　この判例を前提とすると、「相続させる」旨の遺言が存在する場合、相続債権者が代位により法定相続分に従った相続登記をしたうえで、各相続人の

共有持分について差押えをしても、遺言の内容と異なる部分の差押えは無効となります。また、被相続人の債務者が、遺言の存在を知らずに法定相続分に従って弁済をすると、遺言の内容と異なる部分は原則として無効となり、債務者において準占有者に対する弁済の要件を満たしていることを立証する必要が生じてしまいます。

このように、現行の判例を前提とすると、遺言がある場合は、遺言がない場合と比べて、相続債権者や被相続人の債務者の法的地位が不安定なものとなります。しかし、被相続人の地位の包括承継という相続の法的性質からすると、相続開始によって被相続人の相手方当事者が不安定な地位に立たされることは必ずしも合理的ではありません。また、現行の判例を前提とすると、不動産登記制度や強制執行制度への信頼が害されるおそれもあります。

このような理由から、現行の判例法理のうち、遺言による権利の承継があった場合に他の相続人が第三者との関係でも完全な無権利者として取り扱われる点を見直す必要性が指摘されていました。

2 改正の概要

現行法や従前の判例に基づく問題点を踏まえて、改正法では、相続による権利の承継について、遺産の分割によるものかどうかにかかわらず、法定相続分を超える部分は対抗要件主義を適用することとしています（改正民法899条の2第1項）。遺贈については、現行法においても民法177条および178条に基づいて対抗要件の具備が必要であるとの整理のもと、改正の対象となっていません。

(1) 不動産および動産に関する物権の承継

改正法によると、相続による不動産または動産に関する物権の承継に関しては、法定相続分を超える部分について民法177条または178条の要件を備えなければ第三者に対抗することができないこととなります。

(2) 債権の承継

債権（不動産の賃借権のように登記等を対抗要件とする債権は除きます）につ

いては、債務者対抗要件と第三者対抗要件を分けて考える必要があります。
①**債務者対抗要件**

　債務者対抗要件については、相続による権利の承継においても民法467条により債務者対抗要件を備えることができます。すなわち、共同相続人全員による債務者への通知または債務者による承諾が債務者対抗要件となります。

　それに加えて、改正法によれば、相続により法定相続分を超えて債権を承継した相続人が、債務者に対して遺言の内容（遺産分割による場合には当該遺産分割の内容）を明らかにして通知をすることで債務者対抗要件を備えることができることとなります（改正民法899条の2第2項）。ここでの通知は、債務者が客観的に遺言等の有無やその内容を判断できるような方法で行う必要があります。たとえば、受益相続人が遺言の原本を提示し、債務者の求めに応じて、債権の承継の記載部分について写しを交付する方法などが考えられます。

②**第三者対抗要件**

　第三者対抗要件についても、民法467条に基づいて具備することができます。すなわち、相続による権利の承継について、前記のような共同相続人全員による債務者への通知または債務者による承諾を確定日付のある証書によって行うことで債務者以外の第三者に対抗することができます。また、前記のような相続により法定相続分を超えて債権を承継した相続人による改正民法899条の2第2項に基づく通知についても、これを確定日付のある証書によって行うことで、相続による権利の承継を債務者以外の第三者に対抗することができます。

③**受益相続人が単独で通知する場合における書面の交付**

　法制審議会における検討では、受益相続人による単独通知の方法について、遺言書等の書面の交付を必須とする案もありましたが、相続人のプライバシー保護等の観点から問題があるのではないかとの指摘がありました。そこで、遺言書等の書面の交付を求める趣旨が虚偽通知の防止にあることを踏まえ、前記のように遺言等の内容を明らかにして通知を行えば足りることとされました。

3 実務上の対応

　改正法では、相続による権利の承継について対抗要件主義が適用されることとされました。

　改正後は、被相続人の有していた預金債権が、遺産分割（遺産分割方法の指定を含む）または相続分の指定によって承継された場合、当該預金債権の債務者である金融機関は、当該預金債権の払戻しに際して、対抗要件の具備の状況を確認したうえで弁済を行うことが必要となると考えられます。

　また、従前の判例を前提とすると、被相続人に対して返済期限の到来したローン債権を有していた金融機関が、相続財産である不動産について、代位により法定相続分に従った相続登記をしたうえで、各相続人の共有持分について差押えを行っても、後から遺産分割協議書や相続させる旨の遺言の存在が発覚した場合、当該遺言の内容と異なる部分の差押えは無効となります。しかし、改正後は、このような場合の当該金融機関による差押えは、当該不動産の全体について有効となると考えられます。

23 相続による義務の承継 明文化

Q 金融機関が被相続人に対して貸付債権を有していた場合、共同相続人に対して、どのような割合で返済請求などの権利行使ができるようになりますか

A 遺言による相続分の指定にかかわらず、金融機関は、各共同相続人に対して、その法定相続分の割合でその権利を行使することができます。もっとも、金融機関が共同相続人の一人に対して指定相続分の割合による義務の承継を承認したときは、各共同相続人に対して、その法定相続分の割合でその権利を行使することはできず、その指定相続分の割合でその権利を行使することができることとなります。このような取扱いは金融機関におけるこれまでの取扱いと変わらないと考えられます。

● 解 ● 説 ●

■ 1 現行法における問題点 ■

　遺言によって相続分の指定がされた場合、現行法の規定上は、相続債務についても積極財産と同じ割合で承継されるようにもみえます（民法902条、990条）。もっとも、判例では、相続人のうちの一人に対して遺産の全部を相続させる旨の遺言がなされた場合、特段の事情がない限り、当該相続人の相続債務もすべて相続させる旨の意思が表示されたものと解するべきであり、これにより、相続人間においては、当該相続人が指定相続分の割合において相続債務のすべてを承継することになると解するのが相当であるが、遺言による相続債務についての相続分の指定は、相続債権者の関与なくされたものであるから、相続債権者に対してはその効力が及ばないと解するのが相

当とされています（最高裁平成21年3月24日判決、以下、「平成21年最判」といいます）。すなわち、相続分の指定がされた場合であっても、相続人間の内部的な負担割合については当該相続分の指定による承継割合によるものの、債権者との関係では、原則として法定相続分に応じて相続債務を承継するとの考え方を採用しています。

2 改正の概要

　改正法では、民法902条の規定にかかわらず、相続分の指定がされた場合であっても、相続債権者は、各共同相続人に対して、その法定相続分の割合でその権利を行使することができることとされました（改正民法902条の2本文）。ただし、相続債権者が共同相続人の一人に対して指定相続分の割合による義務の承継を承認したときは、各共同相続人に対して、その法定相続分の割合でその権利を行使することはできず、その指定相続分の割合でその権利を行使することができます（改正民法902条の2ただし書）。なお、相続債権者が共同相続人に対する指定相続分の割合による義務の承継を承認した場合、当該承認は遡及効を有するとはされていませんので、当該承認があっても、当該承認の前になされた相続人の弁済による債務消滅の効果が覆るものではありません。

　相続債権者が共同相続人の一人に対して指定相続分の割合による義務の承継を承認したときは、各共同相続人に対して、その法定相続分の割合でその権利を行使することはできず、その指定相続分の割合でその権利を行使することができます。そうすると、各共同相続人の相続債権者に対する義務の内容が変更する以上、この承認を受けた共同相続人は、他の共同相続人に対して、この承認を受けた旨を通知すべきとも思えます。法制審議会においてもそのような議論はなされましたが、共同相続人が本来弁済すべき範囲を超えて相続債権者に対して弁済をした場合には、その相続債権者に対して不当利得返還請求を行うことによって対応可能であることもあり、積極的にこれを規定すべきとする意見が少なかったことから、改正法では、前記のような通知を求める規定は設けられませんでした。

　改正法では、相続債権者が、法定相続分の割合による義務の承継を承認し

た場合に、以後指定相続分の割合による権利行使を行うことができるかについては規定されていません。そこで、相続債権者が、相続債務の一部について法定相続分の割合による権利行使をし、相続人からその弁済等を受けた場合に、残債務について指定相続分の割合による権利行使をすることが認められるかが問題となります。この点、相続債権者は、禁反言の原則に反するような場合でなければ、残債務について指定相続分の割合による権利行使を認められるものとされています。そして、相続債権者が遺言の内容を知った後に、法定相続分の割合による権利行使を行った場合であっても、それだけでは当然に指定相続分の割合による権利行使は否定されないものとされています。一方で、相続債権者が、遺言の内容を知った後に、相続人に対して法定相続分による権利行使しか行わない旨を明言していたような場合には、指定相続分による権利行使は禁反言の原則に反し認められないこととなると考えられています。

3 実務上の対応

　相続による義務の承継に関する改正法の規律は、民法902条および990条の文言と平成21年最判の関係を明確化するために、平成21年最判の内容のうち、遺言による相続分の指定がなされた場合における相続人と相続債権者との関係を明文化したものです。したがって、かかる規律は、従前の取扱いを変更するものではないと考えられます。

　この点、金融機関は、従前より、平成21年最判を前提として、相続分の指定があった場合には、当該指定と同じ割合で義務の承継もあるものとして取り扱うか、法定相続分に応じて義務の承継があったものとして取り扱うか、より回収のしやすい方法を個別的に選択していたものと思われます（豊田崇久「相続法改正－相続の効力等（権利および義務の承継等）に関する見直しについて」銀行法務21 820号16頁参照）。改正後においても、このような取扱いは基本的には変わらないものと考えられます。

24 遺言執行者がいる場合の相続人の行為の効力 変更

Q 遺言執行を妨害する行為が相続人によりなされた場合における当該行為の効力に関して、どのようなことが変わりますか

A ① 遺言執行者がいる場合、相続財産の処分その他相続人がした遺言の執行を妨げるべき行為は無効とされます。判例上、ここでの無効は絶対的無効とされていましたが、改正法のもとでは、当該無効をもって善意の第三者に対抗することはできないこととなります。
② そして、これらを前提に、①の規律は、相続債権者または相続人の債権者が相続財産についてその権利を行使することを妨げるものではないとされています。

● 解 ● 説 ●

■ 1 現行法における問題点 ■

　現行法上、遺言執行者がいる場合、相続人は、相続財産の処分その他遺言の執行を妨げる行為をすることができないとされているところ（民法1013条）、これに違反した場合の効果を絶対的無効とするのが判例です（大審院昭和5年6月16日判決）。
　他方で、判例は、遺言者が不動産を第三者に遺贈して死亡した後、相続人の債権者が当該不動産を差し押さえた場合について、当該受遺者と相続人の債権者は対抗関係に立つとしています（最高裁昭和39年3月6日判決）。
　これらの判例の考え方によると、遺贈がなされた場合、遺言執行者がいれば遺贈が絶対的に優先するのに対して、遺言執行者がいない場合には受遺者と第三者が対抗関係に立つことになります。そのため、このような考え方によると、遺言の存否および内容を知らない第三者が不測の損害を被るおそれ

があります。特に、遺贈の目的物が動産の場合には民法192条による善意取得によって、遺贈の目的物が債権である場合における債務者による相続人への弁済については民法478条による準占有者への弁済によって、善意者が保護される余地がありますが、遺贈の目的物が不動産である場合には、不動産登記に公信力が認められないことから、取引の安全を害するおそれがあるとの指摘がありました。

2 改正の概要

　以上のような現行法上の問題点を踏まえ、改正法では、以下のとおり、民法1013条の見直しがなされています。
　まず、①遺言執行者がある場合には、相続人は、相続財産の処分その他遺言の執行を妨げるべき行為をすることができないとの現行法の規定が維持されています（改正民法1013条1項）。そのうえで、②遺言執行者がある場合には、相続財産の処分その他相続人がした遺言の執行を妨げるべき行為は無効とされます（改正民法1013条2項本文）。ただし、これをもって善意の第三者に対抗することはできないとされています（改正民法1013条2項ただし書）。そして、これらを前提に、③前記②本文の規律は、相続債権者または相続人の債権者が相続財産についてその権利を行使することを妨げないとされています（改正民法1013条3項）。
　前記③の、善意か悪意かにかかわらず相続財産について権利行使をできる者については、これを相続債権者に限定するか、相続人の債権者も含めるかという点につき議論がされましたが、改正法では相続人の債権者も含めることとされています。
　ここでの「善意」は、第三者に対して遺言の内容に関する調査義務を負担させるのは相当でないとして、単なる善意で足り、無過失までは要求されないものと解されています。また、「善意」の内容は、「遺言執行者がいることを知らないこと」を意味するものと考えられるとされています。
　なお、遺言執行者の職務の円滑な執行を確保しつつ、善意の第三者を保護することにより取引の安全を図るという二つの要請に対する調和の観点から、第三者が善意であることにより治癒されるのは、「遺言執行者がいる場

合、相続人に処分権限がないこと」に限定されると考えられていることに留意が必要です。すなわち、たとえば、被相続人（遺言者）X、その相続人YおよびZの事案において、XがYに対して甲不動産を相続させる旨の遺言を作成し、Yを遺言執行者としていたにもかかわらず、Zが善意の第三者Aに対して自己の法定相続分に相当する甲不動産の持分を譲渡した場合、Aが善意であっても、YがAに対して対抗することができなくなるのは「Zに当該持分を譲渡する権限がないこと」にとどまるので、Aが当該譲渡に係る持分の取得をYに対抗するためには、善意であることに加えて、取得した持分について別途登記を備えることが必要となります。

3 実務上の対応

従前の判例を前提とすると、相続人に対してローン債権を有する金融機関が、相続人から相続財産である不動産について抵当権の設定を受けた場合、

図表5－1　第三者が善意であることで救われる例

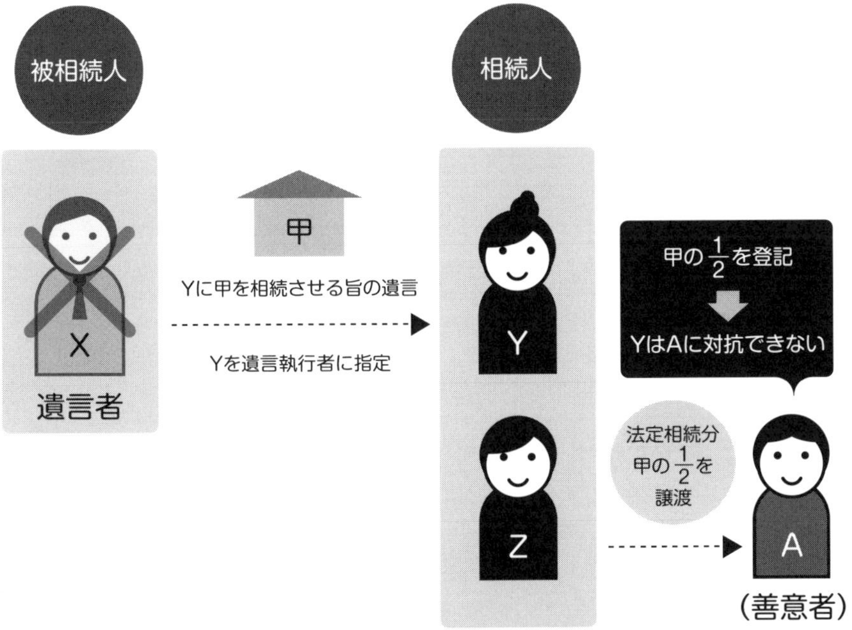

後から当該相続人以外の相続人に当該不動産を相続させる旨の遺言の存在が発覚し、かつ、その遺言において遺言執行者が指定されていると、当該抵当権の設定は絶対的に無効とされます。

　一方、改正法のもとでは、相続人の債権者が相続財産についてその権利行使をすることは妨げられないため、当該金融機関と遺言によって当該不動産を相続した相続人が対抗関係に立つこととなり、対抗問題として処理されることとなります。

　このように、改正により金融機関の実務に影響が生じうるため、金融機関は改正の影響を分析したうえで、必要に応じて従前の取扱いを変更する必要があります。

第6章

相続人以外の者の貢献を考慮するための方策

25 相続人以外の者の貢献を考慮する制度 変更

Q 相続人以外の者が、被相続人の療養看護等を行った場合、相続人に対して、どのような権利を主張することができるようになりますか

A これまで寄与分は相続人にのみ認められていましたが、被相続人の親族であれば、その者が行った療養看護等が特別の寄与に該当する場合、その者は、被相続人の相続開始後、各相続人に対して金銭の支払を請求できる可能性があります。

● 解 ● 説 ●

1 現行法における問題点

　現行法上、寄与分は、相続人にのみ認められているため、たとえば、相続人の妻が被相続人（夫の父）の療養看護に努め、被相続人の財産の維持または増加に寄与した場合であっても、当該妻は相続人でないために遺産分割手続で寄与分を主張することはできません。また、相続人の妻子による寄与行為を、相続人の履行補助者的立場にある者による無償の寄与行為として、当該妻子の寄与を夫の寄与分のなかで考慮することを認める裁判例もありますが（東京家庭裁判所平成12年3月8日審判）、このような取扱いに対して、妻や子が寄与行為を行ったにもかかわらず、夫に寄与分を認める法的根拠が明確でないとの指摘がありました。さらに、このような審判例の考え方を前提としても、前記のような事例において、推定相続人である夫が被相続人よりも先に死亡した場合には当該妻の寄与分を考慮できないことになってしまいます。

2 改正の概要

(1) 改正法における規律の概要

　前記のような現行法上の問題点を踏まえ、相続人以外の者が被相続人の療養看護等をした場合、そのような貢献をした者に一定の財産を取得させる方策について検討が行われ、改正法では次のような規律が設けられました。

①**特別寄与者による特別寄与料の請求**

　被相続人に対して無償で療養看護その他の労務を提供し、これにより被相続人の財産の維持または増加について特別の寄与をした被相続人の親族（相続人、相続の放棄をした者、相続人の欠格事由に該当する者および廃除によって相続権を失った者を除く。以下、「特別寄与者」といいます）は、相続が開始した後、各相続人に対して、当事者間の協議で定めた特別寄与者の寄与に応じた額の金銭（以下、「特別寄与料」といいます）の支払を請求できます（改正民法1050条1項）。

②**協議が調わない場合（処分の請求）**

　前記①の特別寄与料に関する当事者間の協議が調わないとき、または協議をすることができないときは、特別寄与者は家庭裁判所に対して協議に代わる処分を請求することができます（改正民法1050条2項本文）。ただし、特別寄与者が、相続開始および相続人を知った時から6カ月が経過したとき、または相続開始時から1年が経過したときは、そのような請求はできません（改正民法1050条2項ただし書）。

③**協議が調わない場合における特別寄与料の額**

　前記②の場合には、家庭裁判所が、特別寄与者の寄与の時期、方法および程度、相続財産の額その他一切の事情を考慮して、特別寄与料の額を定めます（改正民法1050条3項）。

④**特別寄与者に支払うべき金銭の総額**

　前記③の特別寄与者に支払うべき金銭の総額は、被相続人が相続開始時に有した財産の価額から遺贈の価額を控除した残額を超えることができません（改正民法1050条4項）。

⑤特別寄与料の負担

　相続人が複数人いる場合、各共同相続人は、特別寄与料の額に当該共同相続人の相続分を乗じた額を負担します（改正民法1050条5項）。

■■ (2) 寄与の要件 ■■

　改正法における規律では、前記①に基づく請求を行うことができるのは「特別の寄与」をした者に限られています。従前、「特別の寄与」は、一般に、寄与の程度が被相続人と相続人の身分関係に基づいて通常期待される程度の貢献を超える高度なものであると解されていました。しかし、改正法における規律では、前記①に基づく請求を行うことができる者には、被相続人に対して民法上の義務を負わない者が含まれています（民法730条、752条、877条）。そのため、改正法における「特別の寄与」は、貢献が一定の程度を超えることを要求する趣旨と解されると思われます。

■■ (3) 請求権者の限定 ■■

　改正法における規律では、特別寄与料の請求を行うことができるのは被相続人の親族とされています。法制審議会における検討では、特別寄与料の請求権者を一定の身分関係を有する者に限定するべきかという点で意見が分かれていましたが、改正法では、被相続人と何らの身分関係がない者を請求権者に加えることは紛争の複雑化・困難化等の観点から相当ではないとの考えを前提としつつ、被相続人と近い関係にあるために有償契約の締結など生前の対応が類型的に困難である者を救済するという制度趣旨を踏まえ、請求権者の範囲は「被相続人の親族」とされました。ただし、相続人、相続の放棄をした者、相続人の欠格事由に該当する者および廃除により相続権を失った者は請求権者から除かれます。

■■ (4) 請求権の行使期間 ■■

　請求権の行使期間は、除斥期間と考えられています。

■■ (5) 特別寄与者の請求前に行われた遺産分割の効力 ■■

　特別寄与者による請求は、錯誤等の規定に該当しない限り、当該請求前に

行われた遺産分割の効力に影響を及ぼしません。

■■ (6) 審判事件の手続 ■■

　改正法では、協議が調わない場合（前記(1)②）の特別寄与者による請求について、これに関する手続の整備として、家事事件手続法に、特別の寄与に関する審判事件についての節が設けられ、管轄、給付命令、即時抗告および保全処分に関する規律が定められました（改正家事事件手続法216条の2ないし216条の5）。そして、管轄については、相続が開始した地を管轄する家庭裁判所に管轄を認める旨の家事事件手続法191条1項と同様の規定のみが設けられ、遺産分割審判事件が係属している裁判所に管轄を認める同法191条2項と同様の規律は設けられませんでした。

■ 3 実務上の対応 ■

　以上のような相続人以外の被相続人の親族の貢献を考慮する制度のもとでは、従前に比べて、自己の寄与分を主張することができる者の範囲が拡大します。もっとも、今回の改正で新たに自己の寄与分の主張を認められる者、すなわち、相続人ではない被相続人の親族は、各相続人に対して金銭の支払を請求できるにとどまるため、これまでの金融機関の実務への影響は限定的と考えられます。

【編著者紹介】

弁護士　藤池　智則（ふじいけ　とものり）

堀総合法律事務所パートナー／ロンドン大学キングスカレッジLL.M.／千葉大学大学院専門法務研究科非常勤講師（企業法務担当）／日本マルチペイメントネットワーク運営機構法務委員長／日本電子決済推進機構法務委員長

《主要著書・論稿等》　「新信託法と裁量信託・受益者指定権付き信託―英国法上の裁量信託・指名権付き信託と比較して―」（金融法務事情Vol.1810）、「顧客資産の保全方法としての信託の一般的活用」（金融財政事情　2009年6月15日号）、『遺言信託の実務』（清文社、共著）、「実務の目線で考える　債権法改正10の視点・債権時効」（NBL920号）、「実務の目線で考える　債権法改正10の視点・差押えと相殺」（NBL920号、共著）、「金融機関における不祥・不正事件の報告態勢と内部通報制度」（金融法務事情Vol.1771、共著）、「金融機関における情報管理態勢」（金融法務事情Vol.1774、共著）等。

弁護士　亀甲　智彦（かめこう　ともひこ）

堀総合法律事務所ジュニアパートナー／シンガポール国立大学LL.M.／東京大学大学院法学政治学研究科修了／東京大学法学部卒業

《主要著書・論稿等》　『よくわかる改正民法と金融取引Q&A』（金融財政事情研究会、共著）、『Q&A 債権法改正―かわる金融取引』（金融財政事情研究会、共著）、『詳解信託判例―信託実務の観点から』（金融財政事情研究会、共著）、『新訂 貸出管理回収手続双書　回収』（金融財政事情研究会、共著）、『金融機関の法務対策5000講』（金融財政事情研究会、共著）等。

【著者紹介】

弁護士　髙木　いづみ（たかぎ　いづみ）

堀総合法律事務所パートナー／公認不正検査士（CFE）／東京大学法学部卒業

《主要著書・論稿等》　『金融機関の法務対策5000講』（金融財政事情研究会、共著）、『金融機関の個人情報保護ハンドブック』（金融財政事情研究会、共著）、『よくわかる改正民法と金融取引Q&A』（金融財政事情研究会、共著）、『START UP 金融法務入門』（経済法令研究会、共著）、『詳解信託判例―信託実務の観点から』（金融財政事情研究会、共著）、『新訂 貸出管理回収手続双書　回収』（金融財政事情研究会、共著）等。

弁護士・弁理士　冨松　宏之（とみまつ　ひろゆき）

堀総合法律事務所ジュニアパートナー／中国 清華大学法学院 高級進修生／中央大学大学院法務研究科修了／東京大学経済学部卒業

《主要著書・論稿等》　『よくわかる改正民法と金融取引Q&A』（金融財政事情研究会、

共著)、『詳解信託判例─信託実務の観点から』(金融財政事情研究会、共著)、『金融機関の法務対策5000講』(金融財政事情研究会、共著)、『START UP 金融法務入門』(経済法令研究会、共著)、『金融機関の個人情報保護ハンドブック』(金融財政事情研究会、共著)、「金融機関におけるパーソナルデータ利活用─改正個人情報保護法のアプローチ」(FINANCIAL Regulation 2016冬号、共著)等。

弁護士　関口　諒（せきぐち　まこと）
堀総合法律事務所勤務／慶應義塾大学大学院法務研究科修了／早稲田大学法学部卒業／カリフォルニア大学バークレー校LL.M.留学中
《主要著書・論稿等》　『金融機関の個人情報保護ハンドブック』(金融財政事情研究会、共著)、『よくわかる改正民法と金融取引Q&A』(金融財政事情研究会、共著)、『START UP 金融法務入門』(経済法令研究会、共著)、『詳解信託判例─信託実務の観点から』(金融財政事情研究会、共著)、『金融機関の法務対策5000講』(金融財政事情研究会、共著)　等

弁護士　桑原　卓哉（くわばら　たくや）
堀総合法律事務所勤務／慶應義塾大学大学院法務研究科修了／慶應義塾大学法学部法律学科卒業
《主要著書・論稿等》　『金融機関の個人情報保護ハンドブック』(金融財政事情研究会、共著)、『よくわかる改正民法と金融取引Q&A』(金融財政事情研究会、共著)、『START UP 金融法務入門』(経済法令研究会、共著)、『金融機関の法務対策5000講』(金融財政事情研究会、共著)　等。

弁護士　髙見　駿（たかみ　しゅん）
堀総合法律事務所勤務／京都大学大学院法学研究科修了／大阪大学法学部卒業
《主要著書・論稿等》　『金融機関の個人情報保護ハンドブック』(金融財政事情研究会、共著)、『よくわかる改正民法と金融取引Q&A』(金融財政事情研究会、共著)、『金融機関の法務対策5000講』(金融財政事情研究会、共著)　等。

弁護士　鈴木　咲季（すずき　さき）
堀総合法律事務所勤務／早稲田大学大学院法務研究科修了／千葉大学法経学部卒業
《主要著書・論稿等》　『金融機関の個人情報保護ハンドブック』(金融財政事情研究会、共著)、『金融機関の法務対策5000講』(金融財政事情研究会、共著)　等。

弁護士　山内　達也（やまうち　たつや）
堀総合法律事務所勤務／神戸大学大学院法学研究科修了／九州大学法学部卒業
《主要著書・論稿等》　『金融機関の法務対策5000講』(金融財政事情研究会、共著)　等。

相続法改正と金融実務Q&A

2018年12月28日　第1刷発行
2019年7月11日　第2刷発行

編　者　堀総合法律事務所
発行者　加藤一浩

〒160-8520　東京都新宿区南元町19
発　行　所　一般社団法人 金融財政事情研究会
企画・制作・販売　株式会社きんざい
出版部　TEL 03(3355)2251　FAX 03(3357)7416
販売受付　TEL 03(3358)2891　FAX 03(3358)0037
URL https://www.kinzai.jp/

DTP・校正：株式会社アイシーエム／印刷：三松堂株式会社

・本書の内容の一部あるいは全部を無断で複写・複製・転訳載すること、および磁気または光記録媒体、コンピュータネットワーク上等へ入力することは、法律で認められた場合を除き、著作者および出版社の権利の侵害となります。
・落丁・乱丁本はお取替えいたします。定価はカバーに表示してあります。

ISBN978-4-322-13416-2